思 维 盛 宴

全世界聪明人
都在玩的
500个
思维游戏

赵 霞◎编著

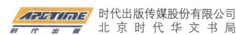
时代出版传媒股份有限公司
北京时代华文书局

图书在版编目（CIP）数据

全世界聪明人都在玩的 500 个思维游戏 / 赵霞编著 . — 北京 : 北京时代华文书局 , 2015.7
（思维盛宴）
ISBN 978-7-5699-0535-9

Ⅰ.①全… Ⅱ.①赵… Ⅲ.①智力游戏 Ⅳ.① G898.2

中国版本图书馆 CIP 数据核字 (2015) 第 205433 号

思维盛宴

全世界聪明人都在玩的 500 个思维游戏

编　　著 ｜赵　霞

出 版 人 ｜杨红卫
选题策划 ｜王其芳
责任编辑 ｜刘媛媛　冷　瑜
美术编辑 ｜刘　煜　黄世云
责任印制 ｜刘　银

出版发行 ｜时代出版传媒股份有限公司 http://www.press-mart.com
　　　　　北京时代华文书局 http://www.bjsdsj.com.cn
　　　　　北京市东城区安定门外大街 136 号皇城国际大厦 A 座 8 楼
　　　　　邮编：100011　电话：010 - 64267955　64267677

印　　刷 ｜三河市南阳印刷有限公司　0316 - 3655629
　　　　　（如发现印装质量问题，请与印刷厂联系调换）

开　　本 ｜710mm×1000mm　1/16
印　　张 ｜15.75
字　　数 ｜150 千字
版　　次 ｜2015 年 7 月第 1 版　2015 年 9 月第 1 次印刷
书　　号 ｜ISBN 978-7-5699-0535-9

定　　价 ｜42.00 元

目录

第一部分　逻辑思维游戏

第二部分 视觉思维游戏

第三部分　图形推理游戏

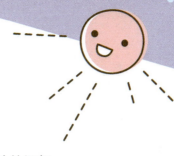

第五部分 有趣的难题

第六部分 探索思维游戏

第七部分 解析篇

第一部分

逻辑思维游戏

"假作真时真亦假，真作假时假亦真。"本篇集中拓展了"说假话问题"和"自相矛盾的问题"，让你在纷繁复杂的推理过程中迅速提高自己的分析能力和关键线索提炼能力，从而锻炼你在学习、工作中随时都可以运用得到的应变力。

1 被小孩儿打败的预言家

哈桑是生活在印度的一个预言家，他经常在大众面前吹嘘自己的预言能力没人能比，他说自己可以通过预言来预知世界上所有的事情。

但是有一天一个 10 岁的小孩儿用一句话就打败了他。小孩儿对哈桑说："我在一张纸上写了一件事，它在 3 点钟以前可能发生，也可能不发生。如果你认为这件事会发生，就在另一张纸上写'是'；如果你认为它不会发生，你就写'不'。要是你写错了，那你就得在众人面前承认自己是个骗子。"

那么，小孩儿究竟要怎么写才能赢得这次挑战呢？

2 自食其果的仙人

住在力比多仙岛的仙人多利是整个岛上最有能耐的人，他的法术无人能比，因此他很骄傲，看不起岛上的其他仙人。有一天，他当着所有仙人的面用轻蔑的语气说了一句话："力比多仙岛的人从来不说一句真话，这真是可耻。"结果自此之后他再也不敢自高自大了。

请问：多利为什么会突然有这种转变呢？

矛盾的标语

左边是一面墙，这里有一个明显的错误，请找出来。

 ## 找出三个错误

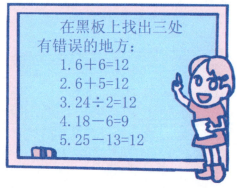

在黑板上找出三处有错误的地方：
1. $6+6=12$
2. $6+5=12$
3. $24÷2=12$
4. $18-6=9$
5. $25-13=12$

计算机为什么发狂

布莱尔用他的高智能计算机设计程序时，输入了一句指令，结果他的计算机因这句指令发狂，从而导致了崩溃。

请问：令计算机发狂的那句指令是什么呢？

亦真亦假

请问：左面这两句话到底谁真谁假？

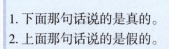

1. 下面那句话说的是真的。
2. 上面那句话说的是假的。

7 苦恼的鲨鱼

鲨鱼抓住了双胞胎姐妹中的妹妹。

鲨鱼对姐姐说：你说我会不会吃掉你妹妹啊？答对了，我就把你妹妹放走。

姐姐说了一句话，鲨鱼回了一句话并不得不把妹妹放走了。

请问：

1. 姐姐说了什么？
2. 鲨鱼又说了什么？

城里所有不自己刮胡子的男人都由我给他们刮胡子，我也只给这些人刮胡子。

著名的理发师悖论是伯特纳德·罗素提出的。悖论的题目是这样的：

一个理发师的招牌上写着：

"城里所有不自己刮胡子的男人都由我给他们刮胡子，我也只给这些人刮胡子。"

请问：谁给这位理发师刮胡子呢？

8 理发师悖论

9 无聊与有趣

无聊的人

有趣的人

标有"无聊的人"的房子里住着所有宣称很无聊的人，而就在它旁边标有"有趣的人"的房子里则住着所有宣称很有趣的人，但过了一段时间以后，"无聊的人"的房子里的所有的人都跑到了"有趣的人"的房子里，请问这究竟是怎么回事呢？

10　谁爱我

"阳春或白雪是爱我的。"那么，如果阳春爱我的话，也就是说白雪不爱我了。

这个推断正确吗？

出人意料的考试　11

一位老师决定下周对他的学生进行一次出人意料的考试，他这样对他的学生描述这次考试：

"下一周的某一天我将会举行一次'出人意料的考试'。你们当中的任何一个人都不可能在考试那天之前推测出考试的日期。"

这将是一次"出人意料"的考试！

请问：这次出人意料的考试究竟会不会在下周举行呢？如果会的话，你推测应该在哪天？

12　纽科姆悖论

会预言的外星人欧米加决定用两个箱子来考验一下人类的智力。箱子A是透明的，总是装着两千美元；箱子B不透明，它要么装着两百万美元，要么就是空的，什么也没有。你可以两个箱子都拿走，也可以只拿走箱子B。

如果欧米加看出你要拿走两个箱子，他就会让箱子B空着，那你就只能得到箱子A中的两千美元。如果他看出你要拿走箱子B，他就会在箱子B中放入两百万美元，你就会成为百万富翁。做了很多实验后，一些人成为了富翁，一些人则只拿到少数的钱，现在欧米加留下两个箱子回自己的星球了。

如果你有机会来选择箱子，你怎么选择才会得到最好的结果呢？

13 机器人辩证

在一个全部都是机器人的工厂中，机器人分两类，一类机器人发生故障后可以自我修理，另一类则不能。为此，工厂中专门设有一个车间，车间内有一个机器人专门负责修理这些不能自我修理的机器人。现在的问题是：如果这个机器人出现故障，谁来修理呢？

我是……

猜猜我是谁 14

我可以利用自己嘴里的武器吓跑欺负你或你朋友的敌人，但是面对儿童举起的砖头，我就不得不马上逃走。请问我是谁呢？

15 神秘的 R

R 既是蓝色的，也是绿色的，既是红色的，也是紫色的。很多人都可以很容易地看到它，但是从来没有一个人可以摸到它。请问它究竟是什么呢？

我是什么 16

出生前我就有一个名字，但是一出生我的名字就变了。当我不在时，我父亲的名字就是我的名字。不管怎么样，我的名字连续三天都在改变，可是我只能活一天。究竟我是什么呢？

17 斯芬克斯之谜

　　希腊神话中的大英雄俄狄浦斯来到了底比斯的城门口，这时他遇到了守卫城门的大斯芬克斯。这头凶残的怪物拦住了他的去路，出了一道谜语，如果俄狄浦斯回答不上来，就会被杀掉。谜语是这样的：

　　什么东西在早上有 4 条腿，中午 2 条腿，而晚上 3 条腿呢？

天知地知 18

　　有一件事，天不知道，地知道，你不知道，我知道。这件事是什么呢？

19 最长的和最短的

　　世界上哪样东西最长又最短，最快又最慢，最能分割又最能延伸，最不受重视又最珍贵；没有它，什么事都做不成，有了它，许多人却一事无成；它使一切渺小的归于消灭，又使一切伟大的生生不息。

这是什么 20

　　既不是衣服，也不是鞋子，但需要时你可以穿上，不需要时也可以脱下。这是什么？

过河谜题

一个人带着一只虎、一只马和一捆草过一条河，河里只有一条船，每次只能过两个对象。很清楚，一旦把任意两样东西单独留下，没有人的看管，那么马会吃掉草，虎会吃掉马，当然，虎是不会去吃草的。请问这个人最少要往返河两岸多少次才能安全过河呢？

 新娘、新郎过河问题 (1)

三位漂亮的新娘和她们的新郎要过河。只有一只小船，每次只能装两个人，而且有一个规则，即除非和自己的丈夫，否则每个新娘不得和别人的丈夫独处。新娘和新郎都会划船，那他们要怎么安排才能顺利过河呢？

23 新娘、新郎过河问题 (2)

上面的问题，我们变一下条件重新来解决一下，要解决过河问题的新郎、新娘现在只有两对，规则同上题一样，即：

○ 新娘和新郎都会划船；

○ 小船一次只能载两个人；

○ 除了自己的新郎，新娘不能和别人的新郎单独相处。

现在再增加一个条件：

○ 两位新娘也不能单独在一起，无论是在岸边，还是在船上。

请问他们最少需要往返几次才能安全地过河呢？

好人和坏人 24

一条船上有 15 位坏人（B）和 15 位无助的好人（G）。由于人多船小，旅程充满了危险，于是大家决定把坏人抛入大海，以免小船沉没。一只动物被派去执行这个任务，把人扔到大海里。然而，它无法区分出谁是坏人，谁又是好人。动物只知道把大家围成一圈，把数到第九位的人抛入大海。如果你是好人，你该怎样排坐位，才能确保被抛的人是坏人呢？

汉诺塔谜题 25

这是著名的汉诺塔谜题：

有一座庙宇，里面有 3 根柱子。第一根柱子上依次套着 64 个金盘，从下往上按照从大到小的顺序排列。和尚们需要把所有的盘子都移到第三根柱子上，每次只能移动一个金盘，并且移动时不可以把大盘扣在小盘上。所有三根柱子都可以用。有神预言说，当金盘全部转移到第三根柱子后，世界末日也就到了，为什么这么说呢？

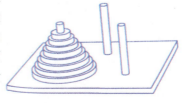

真假判断 26

一张卡片的正面印有一句话："背面是真话"。同时在这张卡片的背面也有一句话："背面是假话"。你该如何来看待这张卡片上话的真假呢？

27 金币在哪里

下面的三个盒子中有一个盒子里藏有几枚金币，但是每个盒子外都写有这样一句话：

如果其中只有一句话为真，你知道金币在哪个盒子里吗？

令人发疯的盒子 28

请问，盒子的制作者是说真话者，还是说假话者呢？如果你能给出答案，你就可以得到它，来试试吧。

29

红色玫瑰

蒙上眼睛前，三位新娘被告知每个人的额头上会画一朵红色或者黄色的玫瑰。摘掉眼罩后，要求每个人只要看到有红色玫瑰的就举手，直到搞清楚自己额头上玫瑰的颜色才能放手。现在三个人都蒙上了眼睛，然后每个人的额头上都被画了一朵红色玫瑰。摘掉眼罩，三个人互相对视后，几乎同时都举起了手。但两分钟后，其中一位新娘把手放下了，她说道：我知道我的玫瑰是红色的。她是怎么推断出来的呢？

巧识门牌号 **30**

一天，费城大饭店里来了三对客人：一对父子、一对母女，还有一对夫妇。他们各自开了三个标准间，门口分别挂上带有◎◎、□□、○□标记的牌子，以免走错了房间。

但是，负责整理房间的服务员不小心把牌子放错了位置，这导致原来房间里的人和牌子全都对不上号了。

问题倒是不难解决，只要服务员敲其中一个房间的门，听到里面回答的声音，就能弄清楚三对客人的房间所对应的门牌号。那么，他该敲哪一个房间呢？

31 神志清醒和精神错乱

有这么四类人：神志清醒的人和魔鬼、精神错乱的人和魔鬼。凡是神志清醒的人总是说真话，一旦精神错乱就会说假话。而神志清醒的魔鬼说假话，精神错乱的魔鬼则说真话。而且，他们的语言表达都是"是"或者"不是"。

一天，有人误闯了这四类人居住的地方迷路了，他碰到了这四类人中的一个 M 可以问路，但是他不知道 M 是说真话，还是说假话。不过这个人很聪明，他只向 M 提了两个问题，就根据 M 的回答立刻判断出他属于哪一类居民。请问：这个人究竟提了两个什么问题呢？

神志清醒	精神错乱	精神错乱	神志清醒

32 聪明的东方朔

东方朔是汉武帝时期的传奇人物，大家都说他很聪明。有一次，有人献给皇帝一颗不死之药，据说可以保人长生不老。皇帝决定选个重要的日子服下这颗药。但是到了那天，太监却发现药被东方朔偷吃了，皇帝大怒，下令要砍东方朔的头。朝廷上的其他臣子都吓得不敢出声，东方朔却面不改色，只说了一句话就令皇帝老儿更改了命令。

那么东方朔究竟说了一句什么话呢？

33 谁是继承人

老父亲年事已高，决定从自己的 3 个儿子中挑选一个最聪明的人继承自己的事业。为了找出谁是最聪明的人，老父亲拿出 10 颗夜明珠，其中带有标记的一颗才是真夜明珠。然后他将这 10 颗夜明珠围成一圈，由 3 个儿子任选一颗为起点，按照顺时针的方向数，排位第 17 的夜明珠将被淘汰。依此类推，继续数下去，直到最后剩下那颗真夜明珠，谁数到最后这颗夜明珠，谁就是继承人。

如果是你，你要怎么样才可以得到那颗真夜明珠呢？

34 请你破案

千万富翁马顿被谋杀了，警察抓到了杰克和瑞德两名疑凶，另有 4 名证人提供了如下口供：

证人 A 说："杰克是清白的。"

证人 B 说："瑞德为人正直善良，他不可能犯罪。"

证人 C 说："A 和 B 的证词，至少有一个是真话。"

证人 D 说："我可以肯定 C 的证词是假的。我不知道他有什么目的。"

警察最后经过调查，证实 D 说了实话。你能推测出谁是凶手吗？

35 娶妻陷阱

男人决定在一个多美女的岛上挑位美女做妻子。不过，这个岛上的人的性格都很怪癖，那就是岛上的居民可分为如下三类：永远说真话的君子，永远撒谎的小人，有时讲真话、有时撒谎的常人。按照岛上的规定，君子是第一等级，常人是第二等级，小人则是第三等级。

男人只能从甲、乙、丙三位美女中选一个做妻子，而这三个美女中一个是君子、一个是小人、一个是常人，但常人又是由琵琶精变成的美女。

为了保证不会娶到琵琶精变成的常人，男人可以向三个美女中的任一个人提一个问题，而这个问题只能用"是"或者"不是"来回答。

请问：这个人应该提一个什么问题呢？

36

常胜将军

老刘、他的妹妹、他的儿子，还有他的女儿都是乒乓球能手。关于这四人，有以下的情况：

（1）常胜将军的双胞胎与表现最差的人性别不同。

（2）常胜将军与表现最差的人年龄相同。

请问：这四个人中谁是常胜将军呢？

谋杀岛 37

谋杀岛上的家庭都不和睦，一家人常会为了财产问题而互相残杀。一天晚上，一个四口之家：爸爸、妈妈、儿子、女儿，为了分财产，互相打了起来。结果，家庭中的一个人杀害了另一个人；其他两个人，一个是目击者，另一个则是凶手的同谋，现在给出以下条件：

（1）同谋和目击者性别不同；

（2）最年长的成员和目击者性别不同；

（3）最年轻的成员和被害者性别不同；

（4）同谋的年龄比被害者大；

（5）父亲是最年长的成员；

（6）凶手不是最年轻的成员。

你能推断出这四人中谁是凶手吗？

公主择偶 38

奥薇丽公主心目中的白马王子应该是个高鼻子、白皮肤、长相帅气的男人。现在，公主已经到了结婚的年龄，她需要从她认识的四个人中挑选一个符合她全部要求的男士作为自己的丈夫，这四个人分别是丘吉尔、克林顿、普金、皮特四位男士，对于他们分别有如下描述：

（1）四位男士中，只有三人是高鼻子，只有两人是白皮肤，只有一人长相帅气；

（2）每位男士都至少符合一个条件；

（3）丘吉尔和克林顿都不是白皮肤；

（4）克林顿和普金鼻子都很高；

（5）普金和皮特并非都是高鼻子。

那么，谁才是符合奥薇丽公主全部条件的那个白马王子呢？

一位著名的医生在自己的家里被杀了，当天一共有四个人去过他家。现在这四个人受到了警察的调查，但是，在被问话前，四个人已经一致商定每个人都向警方说假话。

联盟撒谎

四个人的证词分别如下：

雷奥纳多：（1）我是第二个去医生公寓的。

　　　　　（2）我到达他的公寓时，他已经死了。

达芬奇：（1）我离开医生公寓时，他还活着。

　　　　（2）我们四个人都不是凶手。

西　蒙：（1）我是第三个去医生公寓的。

　　　　（2）我离开他的公寓时，他还活着。

村　上：（1）我到达医生公寓时，他已经死了。

　　　　（2）凶手不是在我去他公寓之后去的。

请问：这四个人中谁杀死了医生呢？

40　求婚计划

在一个 Party 上，费德勒先生对一个叫黛丽的女孩儿一见钟情，他很想和她交朋友，但是他却不清楚黛丽究竟有没有男朋友。这次 Party 一共有 19 个人参加。来人的具体情况如下：

（1）有 7 个人是单独一人来的，其余的都是和伴侣一起来的。和伴侣一起来的，或是双方已订婚，或是已结婚。

（2）凡单独前来的女士都没有订婚。

（3）凡单独前来的男士都不处于订婚阶段。

（4）参加舞会的男士中，处于订婚阶段的人数等于已经结婚的人数。

（5）单独前来的已婚男士的人数和单独来的尚未订婚的男士的人数相等。

（6）在参加舞会的已经结婚、处于订婚阶段和尚未订婚这三种类型的女士中，黛丽属于人数最多的那种类型。

还没有订婚的费德勒先生很想知道黛丽属于哪一类型的女士，你能帮他看看他是否有机会吗？

漂亮的姑娘

瑞丽、乌玛和娜塔莉这三个姑娘中只有一人是漂亮的姑娘，她们将要参加大四学年最后一次考试了。

瑞丽如实地说：（1）如果我不漂亮，我将不能通过物理考试。（2）如果我漂亮，我将能通过化学考试。

乌玛如实地说：（1）如果我不漂亮，我将不能通过化学考试。（2）如果我漂亮，我将能通过物理考试。

娜塔莉如实地说：（1）如果我不漂亮，我将不能通过物理考试。（2）如果我漂亮，我将能通过物理考试。

同时，（1）那漂亮的姑娘是唯一能通过某一门课程考试的人。（2）那漂亮的姑娘也是唯一不能通过另一门课程考试的人。

这三人中谁是那漂亮的姑娘？

真假追凶

某人家里被盗了，警方抓到三个嫌疑人甲、乙、丙，三人口供如下：

（1）甲没有偷东西。

（2）乙说的是真话。

（3）丙在撒谎。

口供（1）是最先讲的，剩下的两条则不一定是按讲话的时间顺序说的，但它们都是针对其前面的口供的。甲、乙、丙每个人的口供，都是针对另一个怀疑对象的，而且盗窃者就是他们其中的一个，所以他作了伪证。

请问：这三个人当中谁是盗窃者？

女秘书

由于朗克总裁被杀，他的三位秘书安娜、琳达和莉莉都受到警察的传讯。这三人中有一人是凶手，另一个人是同谋，第三个人则是毫不知情者。她们的供词说的都是别人，这些供词中至少有一条是毫不知情者说的，而且毫不知情者说的都是真话。她们的供词如下：

（1）安娜不是同谋。

（2）琳达不是凶手。

（3）莉莉参与了此次谋杀。

请问：这三位秘书中，哪一个是凶手？

酒精灯 44

一天，李老师在教室里用酒精灯做燃烧的实验。可当他提着工具返回办公室的时候，发现酒精灯被人偷了，有机会窃取酒精灯的，只有 A、B 和 C 这三名学生。李老师回忆，那天这个教室里总共上了 5 节化学课。A 只上了其中的 2 节课，B 上了其中的 3 节课，C 上了其中的 4 节课，而李老师只讲授了其中的 3 节课。这三名学生都只上了 2 节李老师讲授的课。因此，这三名被怀疑的学生出现在这 5 节课的每节课上的组合各不相同。

在李老师讲授的这一节课上，三名学生中有 2 名来上课了，另外一名没有来上。事实证明，来上这节课的那 2 名学生没有偷取酒精灯。

请问：这三名学生中谁偷了酒精灯呢？

45 同学聚会

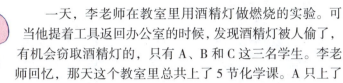

甲、乙、丙、丁四位老同学在一家酒吧里围坐着一张正方形桌子喝酒时，丁突然中毒身亡。对于警探的讯问，每人各作了如下的两条供词：

甲：（1）我坐在乙的旁边。

（2）不是乙就是丙坐在我的右侧，这个人不可能毒死丁。

乙：（1）我坐在丙的旁边。

（2）不是甲就是丙坐在丁的右侧，这个人不可能毒死丁。

丙：（1）我坐在丁的对面。

（2）如果我们当中只有一个人撒谎，那人就是毒死丁的凶手。

警探在和酒吧的侍者交谈之后，证实他们中只有一个人撒谎，也确实只有一个人毒死了丁。请问：到底是谁毒死了丁？

硬币(1) 46

桌上放有 9 枚硬币，双方轮流从中取走 1 枚、3 枚或 4 枚硬币。谁取走最后一枚硬币谁就赢了。请问：应该怎样才能制胜？

硬币 (2) 47

桌上放有10枚硬币。双方轮流从中取走1枚、2枚或者4枚硬币，谁取最后一枚硬币就算输。请问：该怎么做才能获得胜利？

48 游泳冠军

甲、乙、丙、丁四个骗子进行了一次游泳比赛，最后分出了高低。但是由于四个人说话真假难辨，所以裁判把他们所说的游泳结果列为下表：

甲：（1）我刚好在乙之前到达终点。

（2）我不是第一名。

乙：（1）我刚好在丙之前到达终点。

（2）我不是第二名。

丙：（1）我刚好在丁之前到达终点。

（2）我不是第三名。

丁：（1）我刚好在甲之前到达终点。

（2）我不是最后一名。

上面这些话中只有两句是真话，取得第一名的那个人至少说了一句真话。请问：这四人中谁是游泳冠军？

49

甲、乙、丙、丁、戊和己六个人正在洋洋超市排队交款。己没有排在最后，而且他和最后一个人之间还有两个人；戊不是最后一个人；在甲的前面至少还有四个人，但他没有排在最后；丁没有排在第一位，但他前后至少都有两个人；丙没有排在最前面，也没有排在最后。

请问：他们六个人的顺序是怎么排的？

谁在前面，谁在后面

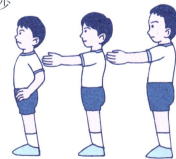

50 分机器人

8个孩子分32个机器人，分法如下：燕妮得到1个机器人，玫利得到2个，培拉3个，米奇4个，男孩凯德·史密斯得到的机器人和他的妹妹一样多，汤米·安德鲁得到的是他妹妹的2倍，比利·琼斯分得的机器人是他妹妹的3倍，洛克·哈文得到的是他妹妹的4倍。请你猜猜上面4个女孩的姓名。

51 足球运动

甲、乙、丙、丁和戊五人都参加了足球、棒球、篮球和游泳的运动，其中足球运动最受欢迎，选篮球的人比选棒球的多。现在只知道戊只参加了其中一项运动；乙是唯一去游泳的人；甲和另外一人参加了棒球运动；丙不踢足球，且只参加了两项运动；丁参加了其中的两项运动，但没有打棒球。请问：

（1）谁参加棒球运动了？

（2）多少人只参加了其中的两项运动？

（3）有多少人去踢足球？

（4）甲没有参加的是哪一项运动？

拉拉比飞飞大，但比安安小。飞飞比娇娇和文文大。文文比云云和娇娇小。安安比飞飞和文文大，但比云云小。请问：他们之中谁大，谁小？

52 谁大谁小

符合自身	不符合自身
字	纸
中文	韩文
English	Japan
三个字	五个字

53 如何分类

如上表所示：

"符合自身"的词里所有的词都与自身相符合。例如"字"这个词就是字；"中文"是用中文写的；而"English"是用英文写的；"三个字"的字数正好是三个字。

而"不符合自身"的词就是完全不符合自身的意思。例如，"纸"是字，而不是纸；"韩文"是用中文写的；而"Japan"是用英文写的，"五个字"却只有三个字，这些都与自身不符。

现在有这样一个词，即"不符合自身的词"，请问它应该归在哪一类呢？

巧请客 54

你想邀请著名模特席琳吃饭，可是又很怕被拒绝。于是有人教给你一个方法，那就是你只需向席琳提两个问题，不论席琳回答"是"或"不"，最后的结果都是必须答应和你一起吃饭。当然，你得提前告诉席琳小姐，那就是她的两个回答在逻辑上必须是完全合理的，而不能自相矛盾。

你应该提两个什么问题呢？

比尔、哈文和罗西都有血缘关系，但他们之间没有违背道德伦理的问题。现在只知道他们当中有比尔的父亲、哈文唯一的女儿和罗西的同胞手足。但是罗西的同胞手足既不是比尔的父亲也不是哈文的女儿。你知道他们当中哪一位与其他两人性别不同？

55 难解的血缘关系

56

运动员推理

甲、乙、丙、丁、戊五个人只有两种身份，要么是足球队员，要么是篮球队员。虽然他们知道自己的职业，但是别人却并不了解，在一次聚会活动中，他们就自己的职业出了一个谜题：

甲对乙说：你是足球队员。

乙对丙说：你和丁都是足球队员。

丙对丁说：你和乙都是篮球队员。

丁对戊说：你和乙都是足球队员。

戊对甲说：你和丙都不是足球队员。

如果规定对同队的人（即足球对足球，篮球对篮球）说真话，对异队的人说假话，那么，足球队员是哪几个？

谁养斑马 **57**

据说，这道题是爱因斯坦出的，被不少人称为"最难的谜题"，真的有这么难吗？你可以来试试。

有五个不同国籍的人，住在五间不同颜色的房子里，他们各自有不同的宠物，喜欢喝不同的饮料，抽不同牌子的香烟。现在已知如下条件：

（1）英国人住在红房子里。

（2）西班牙人喜欢养狗。

（3）绿房子的主人喜欢喝咖啡。

（4）乌克兰人喜欢喝茶。

（5）绿房子在白房子的右边（从读者的方向看，下同）。

（6）抽"大红门"牌香烟的人养蜗牛。

（7）黄房子的主人抽"红塔山"牌香烟。

（8）当中那幢房子的主人喝牛奶。

（9）挪威人住在左边第一幢房子里。

（10）抽"壳牌"香烟的人和养狐狸的人是隔壁邻居。

（11）抽"红塔山"牌香烟的人和养马的人是邻居。

（12）抽"肯特"牌香烟的人喝橘子水。

（13）日本人抽"摩尔"牌香烟。

（14）挪威人和蓝房子的主人是隔壁邻居。

分析一下这14种情况，你能否推知：谁是喝水的人？谁又是养斑马的人？

58　主人和猫

50 个人，每人一只猫。在这 50 只猫中有病猫（这种病不会传染）。人们要找出病猫。每个人都可以观察其他的 49 只猫是否生病，但不能看自己的猫是否有病，只能依据后面提到的方式来判断自己的猫是否有病。这个方法就是：每个人观察后得到的结果不能相互交流，不能通知病猫的主人。主人一旦推算出自己的猫有病，就会枪毙自己的猫，而且每个人只有权利枪毙自己的猫，没有权利枪毙别人的猫。

第一天和第二天都没有枪响，第三天传来一阵枪声，请问你能猜出共有几只病猫吗？

59　谁是幸运者

学校来了 A、B、C、D、E 5 位应聘音乐老师的人士。他们当中有两位年龄超过 30 岁，另外 3 位小于 30 岁。而且有两位人士曾经是老师，其他的 3 位是秘书。现在只知道 A 和 C 属于相同的年龄档，而 D 和 E 属于不同的年龄档。B 和 E 的职业相同，C 和 D 的职业不同。但是校长只想挑选一位年龄大于 30 岁的老师任音乐老师。你猜谁是幸运者？

60　谁在撒谎

有 5 个小学生，在接受学校的小记者团采访时说了下面这些话，你来判断一下他们中有几个人撒了谎。

小艾说："我上课从来不打瞌睡。"
小美说："小艾撒谎了。"
小静说："我考试时从来不作弊。"
小惠说："小静在撒谎。"
小叶说："小静和小惠都在撒谎。"

61 幸运的姑娘们

一个探险家分别从不同的颜色的恶狼爪下救出 3 个姑娘。现在只知道：

（1）被救出的姑娘分别是依云、农夫家的女儿和从白狼嘴里救出来的姑娘。

（2）李琳不是书店家的女儿，茉莉也不是开宾馆家的女儿。

（3）从黑狼嘴下救出来的不是书店家的女儿。

（4）从红狼嘴下救出来的不是李琳。

（5）从黑狼嘴下救出来的不是茉莉。

根据上面的条件，分析出这 3 个姑娘来自哪家？
又是从哪种颜色的狼那里被解救出来的？

62 古希腊的传说

这是一个流传在古希腊的传说。有一个美丽的女子在河边洗澡，当她洗完后发现放在岸边的衣服被人偷了。关于这件事，受害者、旁观者、目击者和救助者各有说法。她们的说法如果是关于受害者的就是假的，如果是对其他人的说法就是真的。请你根据她们的说法判定谁是受害者。

玛丽说："瑞利不是旁观者。"

瑞利说："劳尔不是目击者。"

希克说："玛丽不是救助者。"

劳尔说："瑞利不是目击者。"

63 雇佣谁

工地上要招聘水泥工和砌砖工共 5 名，其中水泥工最少要两位。现在来了 9 名应聘者，A、B、C 是水泥工，a、b、c、d、e、f 是砌砖工。

（1）d 和 f 关系不好，所以不能同时雇佣这两个人。

（2）b 和 c 是好朋友，他们两人必须在一起工作。

（3）C 对 a 有意见，他不愿意和 a 一起工作。

问：如果只能在 A 和 B 中雇佣一个人，那么在 6 个砌砖工中谁必须被雇佣呢？

64 三岔口

舒同去野外探险，走到一个三岔路口时没了方向，路边有两个双胞胎兄弟知道各个路的方向，但是他们当中，一个只说假话不说真话，另一个又只说真话不说假话。

不过，这也没难倒舒同，他上前去问了其中一个人一个问题："我如果问你的同胞兄弟，湾仔码头怎么走，他会怎么回答我呢？"

那个人回答说："他会说'你往右走'。"

舒同听完后就知道该往哪里走了，果然，他走对了方向。

你知道舒同应该往哪个方向走吗？

65 合法夫妻

四对夫妇在同一个办公室工作。他们分别姓赵、钱、孙、李、周、吴、郑、王。大家有点分不清谁和谁是一对儿，所以他们几个就以此出了个小小的谜题让大家来猜，提供的条件如下：

A：赵结婚的时候李曾经来做过客。

B：李和钱两个人的衣服尺寸、款式和颜色都是一样的。

C：孙的爱人是吴的爱人的亲表哥。

D：没有结婚之前，李、孙和王曾经在一起住。

E：吴氏夫妻出门旅游时，郑、王和李的爱人曾经去机场送行。

你能推测出谁和谁是夫妻吗？

66 黄白蓝

小白、小黄和小蓝一起出去玩儿，每个人都带了一个小皮包装东西。这时，提白色皮包的人发现他们3个人有个很有趣的现象，那就是他们3个人的皮包也分别是白色、黄色和蓝色，但是皮包的颜色却和主人的姓不一样。

小黄低头看了看，点头说道："是啊，的确如此。"

你能猜到她们每个人的皮包分别是什么颜色的吗？

导演是谁 67

甲、乙、丙三个导演分别拍了3部电影：《黄手帕》、《孙悟空新传》和《白莲飘飘》。一天，这3个导演聚餐。席间，拍《黄手帕》的甲导演说："真是有趣。咱们3个人的姓分别是3部电影片名的第一个字，可是我们每个人的姓同自己所拍的电影的片名的第一个字又不一样。"

孙导演笑着说："果真是这样啊，你观察得挺仔细的。"

你说这3个导演分别姓什么呢？

68 买彩票

4个人都买彩票，只有一个人中了特等奖。已知条件如下：

甲说：乙中了特等奖。

乙说：丙中了特等奖。

丙说：乙才是中特等奖的人。

丁说：我不清楚，反正我没中奖。

这4个人中只有一个人说了真话，请问到底是谁中了特等奖呢？

69　新领导

小陈的单位换了新的领导，大家都很好奇。有好事者就调查了很多信息回来报告，结果 5 个人说出了 5 个不同的调查信息：

甲说：新来的领导是个女的，姓秦，55 岁，四川人。

乙说：新来的领导是个男的，姓齐，50 岁，重庆人。

丙说：新来的领导是个女的，姓戚，55 岁，四川人。

丁说：新来的领导是个男的，姓陈，50 岁，湖南人。

戊说：新来的领导是个男的，姓陈，60 岁，重庆人。

丁秘书刚好听到这些描述，觉得很有意思，他对大家说："你们 5 个人，没有一个人是全对的，但是每个人都只说对了其中的一项，而且还有两个人共同说准了一项。"

你能替小陈他们猜猜新领导到底是什么样的吗？

70　偷面包的贼

多味鲜面包店的面包一直很有名，但无奈它每天只是限量出售，很多人想买也买不到。今天一早，面包店老板开门时发现自家的玻璃窗被砸了，那款破吉尼斯纪录的著名的"泰坦尼克号"面包被人偷走了。

警察根据现场调查，抓住了四个嫌疑人甲、乙、丙、丁，4 个人的口供如下：

甲说：乙偷的面包。

乙说：丙偷的面包。

丙说：我没有偷面包。

丁说：乙在撒谎。

这 4 个人的口供只有一个是真的，其余的都是假话，你知道偷面包的贼是谁吗？

从前有一个魔王，杀人不眨眼。为了让自己的生活更有趣，他设定了一个很残忍的制度：每天都要一个人来答他一个问题。如果回答对了，就可以免去一死，但如果回答错了，就必死无疑。他的问题就是："你猜我最想做什么？"

你要怎样回答才能幸免一死呢？

71 免除一死

72　哲学的应用

有这么一个故事：小张向小李借了一百元钱，并信誓旦旦地说保证一个月后还清。

结果一个月到了，小张却不同意还小李的钱。

小张的理由是这样的：最近我们不是学习哲学了吗？根据老师所讲的哲学道理，我既不用还钱，也不会受到惩罚。老师说一切都在不断变化，人连一次也不能踏进同一条河流，因为河流眨眼间就变了。从向你借钱到现在已经一个月了，现在的我早已不是向你借钱并对天发誓的我了。所以，你不应该向现在的我要钱，只能去向一个月前向你借钱的那个我要钱。

小李听后非常气愤，抓住小张痛打一顿。小张扬言要到法院去告小李，并向他索要医药费。

小李只说了一句话就把小张反驳得哑口无言，请问，你知道小李说的是什么话吗？

73　谁来填表

某日课后组长把同学们留下，说："学校发下来一些表格让大家填一下，如果有同学不愿填，可由组长我代劳，当然，如果愿意填，就不用我费神了。"这时，有人问："组长，那你自己的表谁填呢？"

"当然我自己填。"组长脱口而出。

"这样不行，"那同学说，"你刚才不是说，自己愿意填的你不帮他填吗？"

"那我就不用填了。"组长又改口。

"这更行不通，因为你还说，不愿意填的你都帮助填。"这下可把组长难住了。他究竟要怎样回答才能为自己解围呢？

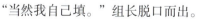

74 国王和大臣

从前有一个国家的老臣因为犯了国王立下的律法，惹怒了国王，国王决定处他死刑。

在临行刑前，老臣涕泪横流，请求国王看在往日的情面上，答应他一个垂死者的请求。

国王说："好吧，你有什么请求尽管说。"

老臣说："陛下，老臣生平最爱玩的就是那种 64 格棋。请您在这张棋盘的第 1 个小格内放 1 粒麦子，第 2 个小格内放 2 粒，第 3 格内放 4 粒，照这样下去，每一小格内都比前一小格加一倍。陛下把这样摆满棋盘上的所有 64 格的麦粒都赏给我的儿子就行啦！"

"这个请求并不算过分。"国王心里想，就答应了老臣的请求。

"国王，既然您答应了这个请求，如果您没能做到，能不能免老臣一死呢？"老臣又说道。

"我堂堂一个国王，岂有拿不出这些麦粒的道理！好吧，如果我做不到，我就免你一死。"

你猜猜最后的结局会是怎样？

75 上马与下马

有一个女孩儿据说是全世界最聪明的人，有一个人不服气，就来挑战。他骑着自己心爱的白马来找这个女孩儿说："都说你很聪明，我就要考考你，你说我现在是要下马还是要上马呢？"

站在门前的女孩儿听了这个人的话，抿嘴一笑，只说了一句话，就让那个人无言以对，骑着马灰溜溜地回家了。

请问：女孩儿说的是一句什么话呢？

一场骑马比赛正在进行，哪匹马走得慢就是胜利者。于是，两匹马慢得几乎是"停止不前"，这样进行下去，比赛什么时候可以结束呢？骑手也担心了起来。多亏来了个聪明人，他想出了一个办法，使这场比赛很快就结束了。

聪明人想的是什么办法？

76 骑马比慢

77 说不通的提示

一个作者写了一部巨著，书中有很多命题，他仔细检查这些命题，也没有找到错误的命题。

但为了谨慎起见，他在序言里加了一个提示："本书中至少有一个命题是错误的。"但是，这个提示却让大家觉得怎么说都说不通。

请问：这个警告为什么是说不通的呢？

78 哪种方案最佳

一个黑帮头目怀疑两个手下欺瞒了自己一件重要的事。头目对二人单独审讯，这样他们没法串供。两个人都可以与他们的头目合作，凶残的头目只需要一只替罪羊。两个人中，如果一个人坦白了所有的事，而他的同伙没有坦白，头目就会放他走。两个人都必须独自决定，不能和同伙协商，而且每一方都知道另一方可以和头目合作。从一个坏人的角度上讲，什么是最佳策略？

79　盒子里的宝贝

一位智者和他的女儿正在玩悖论游戏，智者对女儿说："在你面前的这一排盒子里（共 10 个），分别编号为 1 号至 10 号，你转过身去，我将把一个宝贝放在其中的一个盒子里。依次打开盒子，我保证，你将在某个盒子里意外地发现宝贝。"

他的女儿想了想，显然父亲不能把宝贝藏进 10 号盒子里，因为在打开前 9 个盒子以后就会确知宝贝的位置，推演和反推依然成立。所以她说道："爸爸，按照这样的推理，你根本无法把宝贝放在盒子里。"

而智者却坚持说一定会让女儿感到意外。请问：这是为什么呢？

独角兽的角　80

独角兽有一只角还是两只角？

81　单身情人

所有的单身汉都是没有结婚的男人吗？

相信与否　82

你相信下面这个语句吗？
你不相信此语句。

83 曹植智解

虽然很多悖论看上去是国外的例子，但实际上我们的古人也精通于此道，比如"白马非马"的论证。写下著名"七步诗"的曹植有过这样一个故事：

一年秋天，曹操率曹植和几位属下一起去打猎，有5个人同时看到了一只漂亮的梅花鹿，便一起射箭，那只鹿被射中了。但是，当众人上去检查时，却发现只有一支箭射中了梅花鹿的喉咙，而其他四只箭是落空的。那到底是谁射中了鹿呢？最先看那只带有姓名的箭的曹操自然是知道的，但他没有说话，其他人都纷纷揣测：

A 说：是 C 射中的。

B 说：是 E 射中的。

C 说：是我射中的。

D 说：C 和我都没有射中。

E 说：是 C 和 D 中的一个人射

中的。

曹操说："你们有 3 个人猜对了，其中一个人是 E。"听了曹操的话，曹植立刻就说出了是谁射中了梅花鹿。

你知道是谁吗？

哥哥和弟弟 84

有两个奇怪的双胞胎兄弟欢欢和乐乐，他们喜欢根据时间选择说真话或者说假话。哥哥上午喜欢说真话，一到下午就喜欢说假话；而弟弟正好相反，上午他喜欢说假话，一到了下午就愿意说真话。

有一个人想认识他们俩，但是又分不清谁是哥哥谁是弟弟，于是他就上去问两人两个问题，他先问两个人："你们谁是哥哥呢？"欢欢说："我是。"乐乐也说："是我。"于是，这个人紧跟着又问了一个问题："那你们能告诉我现在几点了吗？"欢欢回答说："快到中午了。"乐乐回答说："中午已经过去了。"这个人听完两个人的回答，立刻就判断出谁是哥哥，谁又是弟弟了。

请问，你知道谁是哥哥，谁是弟弟吗？

85 报名表在哪里

要参加"我要恋爱"俱乐部的人必须填写一张报名表才能有资格进入。报名表被放在门前的两个盒子里。第一个盒子 A 上写着："这两句话中只有一句是真话。"而第二个盒子 B 上写着："报名表不在我这里。"报名的人有点犯难了，因为两个盒子只能有一次机会打开其中的一个，不能同时打开，如果猜错的话就没有机会报名了，这可怎么办呢？如果是你，你会打开哪个盒子才能确保拿走报名表呢？

86 胖头和瘦头

神蛇岛上的人一共分为两个部族，一个是葫芦部族，这一族的人专门说假话，不说真话；一个是金蛇部族，这一族的人专门说真话，不说假话。一个探险者到神蛇岛去参观，刚一上岛，他就碰到两个人：一个胖头，一个瘦头。他们谁是葫芦部族的，谁又是金蛇部族的呢？

探险者灵机一动，用刚学会的当地土语问胖头："请问，你是金蛇部族的人吗？"胖头听了，叽里咕噜一阵乱叫，不知道说的是什么。探险者正纳闷的时候，瘦头开口说话了："我来翻译给你听吧，胖头说的是'是的，我是金蛇部族的人。'不过，我劝你不要相信他，他说的是假话。"

探险者一听就笑了，原来他已经知道谁是专爱说假话的葫芦部族的人了。

胖头和瘦头到底谁是葫芦部族的人呢？

87 难住自己的公主

塔莎公主自恃美丽无人能比，所以挑选丈夫时异常严格，聪明的和英俊的都不能算合格，这个人还必须能说个难题难住公主，结果引得无数青年为此竞折腰。

溪里王子长得不是很英俊，但为人善良、正直而又聪明，他闻讯后打算教训一下这个傲慢的公主。于是，他来到公主面前，向她提出了一个问题，结果，公主一句话也没说上来，只好实现自己的诺言，答应了婚事。

请问：王子问的是个什么问题呢？

88　马拉多纳的故事

都知道马拉多纳球踢得好，不过你大概没有见识过他的聪明能力吧。当年，马拉多纳还是个小孩的时候，就经常跟随少年球队四处去参加比赛。一次，有四支优秀的少年队中的一个队将会和他们队进行决赛，而之前这四支队要进行预赛决出一个冠军队。马拉多纳和他的队友及教练都很想早点知道预赛的结果，可是登有预赛结果的报纸残缺了一角，他们只看到这样的成绩：

甲队二胜一负；

乙队一胜二负；

丙队三战三胜；

丁队……

各队的名次如下：

……

大家看着这张报纸一筹莫展，但是马拉多纳只看了一下就补出了一个正确的结果。

你知道马拉多纳补的内容是什么吗？

我是猫　89

这与日本的推理小说没有关系，不过与悖论有些联系。

"二战"期间，因为一只猫，法军曾经遭受了一次不小的损失。事情是这样的：当时德法两军对垒，德军侦测到法军有一个高级指挥部在暗地指挥作战，只是一直苦于找不到它隐藏的地址。但德军的侦察人员在法军阵地后方的一个空地上发现了一只活动很有规律的猫，这只猫总是每天9点钟准时在空地晒太阳。根据这只猫，德军推测出空地下方可能就是指挥部。于是，他们调集了6门大炮轰击空地，果然一举摧毁了法军的这个指挥部。

为什么德军根据一只猫能准确地推断出空地下有法军的指挥部呢？

90 刘墉和乾隆

乾隆很喜欢刘墉的聪明博学，总时不时地和刘墉玩文字游戏。这天，乾隆兴致上来了，又把刘墉叫到了跟前，他对刘墉说："我这儿有副和田玉镯，你要是猜到现在我心里想什么，这副玉镯就赏给你了。"

刘墉平日也乐得和皇帝这么玩一玩儿，只见他微微一笑答了一句话，结果，乾隆很不情愿地把镯子给了他。

你说刘墉说了句什么话呢？他真的能猜准乾隆心里在想什么吗？

91 耳光和吻

姐姐、妹妹，高个儿、矮个儿同在一家西餐厅相邻的桌子上用餐，正吃着呢，餐厅突然停电了，就在这个时候，突然响起了一下亲吻声，接着又听见"啪"的一声打耳光的声音。

不久，灯亮了，出于保持斯文的心态，四个人依然各自用餐，显得若无其事，但各自都在心里琢磨着。

姐姐想："哪个流氓对我妹妹做这么下流的事儿？幸亏妹妹反应机敏打了他一耳光。"

妹妹想："矮个儿真讨厌，竟然敢偷吻姐姐。打他一耳光算便宜他了。"

矮个儿想："我可真倒霉，高个儿做错事反倒要我替他挨打，这倒好，我怎么解释都解释不清了。"

这真是奇怪了，到底是谁偷吻了谁？谁又打了谁呢？你推测一下吧。

92 财主和仆人

一个吝啬的财主想要克扣仆人的工钱，但一直找不到好的借口。这天，他把仆人叫到跟前说到："我给你一块钱，你去给我买头牛回来，买不回来就扣你工钱。"

一块钱买牛？仆人一想，这不明摆着是欺负人吗？于是决定教训教训老财主，就说："好吧，您想要买黄牛呢还是买水牛？"

"不要黄牛，也不要水牛。"

"那就买奶牛吧。"

"也不要。"

"那要不就都买？"

"不行。"

"这样啊，知道了，那我去买牛了。"仆人收下钱转身就准备出门了，这时财主叫住了他："你什么时候买回来？"

这时仆人回答了一句话，气得财主直瞪眼，只能看着仆人带着钱潇洒地出门了。

你觉得仆人说了一句什么话才会让财主有这样的反应呢？

93 逻辑猜糖

三个人一块儿玩逻辑猜糖的游戏，共有三颗糖，两颗奶糖，一颗水果糖。三个人一人拿一颗，根据自己手中的糖，看谁先推测出对方手里拿的是什么糖。这样的逻辑推测似乎有点难度，刚一开始，三个人都有点呆。但过了一会儿，其中一个叫小群的就猜出来了。

请问：小群是如何推测出其他两人手里拿的都是什么糖的？

94 谁是冠军

马拉松正在进行，甲、乙、丙、丁、戊、己都在尽力拼搏。

比赛结束了，没有看到比赛结果的 D 向看了比赛的 A、B、C 三个人询问，结果他们几个是这么回答的：

A 说：冠军不是甲，就是乙。

B 说：冠军肯定不是丙。

C 说：丁、戊、己都不可能是冠军。

这三个人中只有一个人说的是对的，请问谁会是冠军呢？

大学难题 95

琪、尊、穗分别被弗人、哈人、威大三个大学录取。下面有这样一些条件：

（1）琪上的是哈大，尊上的是威大。

（2）琪上的是威大，穗上的是哈大。

（3）琪上的是弗大，尊上的是哈大。

在三个条件中，各有一半的陈述是正确的。请问：他们三个人分别上的是哪所大学呢？

96 瑞蒙德有罪吗

参与银行抢劫案的三个嫌疑人瑞蒙德、理查德、戴德被拘捕调查，通过审讯，查明了以下的事实：

（1）罪犯是带着抢来的钱坐汽车逃跑的。

（2）不伙同瑞蒙德，戴德是不会作案的。

（3）理查德不会驾驶汽车。

（4）可以肯定罪犯是这三个人中的一个或者一伙儿。

那么，你能否判断出在这个案子里，瑞蒙德有罪吗？

真假导游

沙漠深处住着两种人不为人所熟知：一种人叫做"truth"，总说真话；一种人叫"false"，总说假话。他们总是会共同出现在迷路人需要帮助的时候，以迷惑大家，碰到 false 的人会被带到死亡之路，碰到 truth 的人则会获得救助。

这天，一个自助旅行团到沙漠纵深处旅游。在找到住宿地之前，众人迷路了，这时，他们碰到了一个人 A，急忙去问路："你是哪种人呢？"

A 回答说："我是 truth。"旅游的人于是请他做导游，把大家带出困境。没走多远，他们又碰到了另一个人 B，这时，众人多了一个心眼，就请 A 跑去问 B 是属于哪种人。不一会儿，A 回来了，他说："B 说自己是 truth。"

请问，旅游者到底该相信谁的话呢？

谁最后进门

A、B、C、D 四个人同住一间屋子。每个人晚上回来的时间都不一样，有迟的，有早的。这天四个人早上醒来时，发现昨晚的门没关，大家都很惊讶。

A 说：我回来的时候，C 还没有睡。

B 说：我回来的时候，D 已经睡了。

C 说：我进门的时候，B 正准备上床休息。

D 说：我一挨枕头就睡着了，什么也不知道。

那么，究竟是谁最后进的门又忘了关门呢？

99　冰岛土著

（1）所有的冰岛土著都是戴白帽子的人。
（2）所有的星洲土著都是戴黑帽子的人。
（3）绝对没有既戴白帽子又戴黑帽子的人。
（4）艾伦是戴黑帽子的人。
下面有两个判断，哪个判断是合理的呢？
A.艾伦是星洲土著。
B.艾伦不是冰岛土著。

100　狂欢晚会

狂欢晚会上，所有的人只有两种选择：要么说真话，要么说假话。星对娜说："刚才有个女的对我说'她是说假话的人。'"

那么，星属于哪类人呢？

101　小花猫搬鱼

小花猫有 4 个盘子，其中一个盘子里有 3 条鱼，另外一个盘子里有 1 条鱼，还有两个盘子没有鱼。小花猫尽力克制住自己想吃的欲望，要把鱼集中在一个盘子里一起吃，但是它每次只能从两个盘子里各拿出一条鱼放到第三个盘子里。

请问：小花猫要搬运几次，才能把所有的鱼都集中到一个盘子里去呢？

牛肉和羊腿

安安、拉拉和丁丁3人一起去宾馆吃饭。他们每人要的不是牛肉就是羊腿。

（1）如果安安要的是牛肉，那么拉拉就要羊腿。

（2）安安和丁丁不会同时要牛肉。

（3）拉拉和丁丁不会两人都要羊腿。

仔细想一下，3个人各要的是什么？

猫的谎言

有3只猫（白猫、黑猫、花猫）在美丽的小溪中捉鱼，每只猫都捉到了1~3条鱼，即它们可能各捉到一条鱼，也可能各捉到不同数量的鱼。回来的路上，3只猫说了下面的话：若是关于比自己捉鱼多的一方说的话就是假的，若是关于比自己捉鱼少的一方的话就是真的。

白猫："黑猫捉到了两条鱼。"

黑猫："花猫捉到的不是两条鱼。"

花猫："白猫捉到的不是一条鱼。"

请问：它们各自捉了多少条鱼？

四个兄弟一半说真话

劳斯生有4个儿子，3个哥哥都生性顽劣，只有最小的弟弟善良淳朴。不过二哥也还算善良，也会说真话。

下面是他们关于年龄的对话。

劳拉："劳莎比劳特年龄小。"

劳莎："我比劳拉小。"

劳特："劳莎不是三哥。"

劳茵："我是长兄。"

你能判断他们的年龄顺序吗？

105 外星球来的稀客

有一天，在广阔的西伯利亚地面上降落了一艘子弹头式的宇宙飞船，随后从里面下来 5 个穿着奇异服装的稀客，两个是火星人，其余的是水星人。

面对新闻媒体的热烈采访，5 个人的发言如下：

阿波罗说："泰勒和比尔两者之中只有一个是火星人。"

泰勒说："比尔和费卢之中有一个是水星人。"

比尔说："费卢和阿波罗之中有一个是水星人。"

费卢说："比尔和莱布之间至少有一个是火星人。"

莱布说："阿波罗和泰勒之中有一个是火星人。"

其中有 4 个人说的是真话，有 1 个人撒谎。

请问：他们之中哪几个是火星人，哪几个是水星人？

106 美人鱼的珍珠

太平洋里有 4 条美人鱼。每条人鱼的脖子上都戴着 1 颗以上的珍珠，珍珠总数是 10 颗。其中，戴着有 2 颗珍珠的人鱼的话是假话，其他人鱼的话是真话。另外，戴着 2 颗珍珠的人鱼可能存在 2 条以上。

人鱼丽丽说："艾艾和拉拉的珍珠总数为 5 颗。"

人鱼艾艾说："拉拉和米米的珍珠总数为 5 颗。"

人鱼拉拉说："米米和丽丽的珍珠总数是 5 颗。"

人鱼米米说："丽丽和艾艾的珍珠总数为 4 颗。"

请问：每条人鱼的脖子上各戴有多少颗珍珠？

谁和谁是一家 107

有 4 个男孩（童童、壮壮、可可、丁丁），他们分别是两家的兄弟。童童和壮壮是兄弟，可可和丁丁是兄弟。他们 4 个人分别说了如下的话：

坐在河边的男孩说："拿着长笛的男孩是可可。"

拿着长笛的男孩说："坐在树下的男孩是丁丁。"

坐在树下的男孩说："拿着书的男孩是童童。"

拿着书的男孩说："拿长笛的男孩不是丁丁。"

根据以上对话，如果是兄弟的话都是真实的，不是兄弟的话都是假的，请说出这几个男孩分别是谁？

108 好学的当当

当当在某个月的前半个月（1 日到 15 日）学了 5 种运动。每学一种运动的天数各不相同，而且同一天里也不能学两种运动。那么，究竟他每天在学什么运动呢？

（1）当当 4 日的时候学了打网球，8 日的时候在学滑雪，12 日学射箭。

（2）第三项运动只进行了 1 天时间。

（3）第四项运动是踢足球。

（4）用 3 天学的运动项目不是踢足球也不是游泳。

运动项目：网球、滑雪、射箭、踢足球、游泳。

天数：只有 1 天、连续 2 天、连续 3 天、连续 4 天、连续 5 天。

注意：存在只有 1 天的项目。

模仿秀 109

模仿下面的例题，用否逆命题的方式改变说法。

例题：若 A 则 B，那么其否逆命题就是：若非 B 则非 A（A、B 的顺序颠倒过来）。

说出下面这句话的否逆命题：如果站在对方的立场，就会有勇气。

四个小画家

方方、莉莉、美美、洋洋 4 个人非常想当画家，她们每个人临摹了一幅名画（"蒙娜丽莎"或者"最后的晚餐"）。临摹完成后，她们分别将自己手中的画交给其中一个人，又从别人手里得到画，这样多次循环。结果是，每个人手里都有一幅画，但自己的画又回到自己手里的只有一个人。

现在只知道：

（1）洋洋临摹的是"最后的晚餐"；

（2）方方拿着的是"蒙娜丽莎"；

（3）拿着方方的画的人，既不是方方也不是洋洋；

（4）方方和莉莉临摹了同一幅画；

（5）美美和洋洋各拿一幅相同的临摹画。

请问：她们分别临摹了哪幅画？交换后谁拿着自己的那幅画？

淘气鬼的娃娃

淘气鬼有 4 个布娃娃（大毛、二毛、三毛、四毛），布娃娃们都穿着裙子。有一天，淘气鬼心血来潮把布娃娃们的上衣和裙子在它们中间互相换穿了一下，但到底谁穿了谁的衣服，淘气鬼自己也弄不清楚了。目前只知道：

（1）至少有一个娃娃穿着自己的上衣，至少有一个娃娃穿着自己的裙子。

（2）穿着"穿大毛上衣的娃娃"的裙子的是三毛。

（3）穿着"穿二毛上衣的娃娃"的裙子的是大毛。

（4）穿着"穿四毛裙子的娃娃"的裙子的是二毛。

请问：换穿之后，每个布娃娃分别穿着谁的上衣和裙子呢？

112　小魔女的乌龟

　　小林子、小欢子、小安子、小丹子 4 个小魔女每人都养了乌龟，但每个人养的数量各不相同，并且她们眼睛的颜色和她们中意的魔女服装的颜色也各不相同。

　　乌龟的数量有：1 只、2 只、3 只、4 只。

　　眼睛的颜色分别是：灰色、绿色、蓝色、黄色。

　　服装的颜色分别是：黑色、红色、紫色、茶色。

　　请根据如下条件判断她们每个人眼睛的颜色、服装的颜色、饲养乌龟的数量。

　　（1）灰色眼睛的魔女和黑色服装的魔女和小欢子 3 人共有 8 只乌龟。

　　（2）绿色眼睛的魔女和红色服装的魔女和小安子 3 人共有 9 只乌龟。

　　（3）黄色眼睛的魔女和茶色服装的魔女和小丹子 3 人共有 7 只乌龟。

　　（4）紫色服装的魔女的眼睛不是灰色的。

　　（5）小安子的眼睛不是蓝色的。

　　（6）小欢子的眼睛是黄色的。

113　紧急集合

　　凌晨两点半外面响起了一阵响亮的集合哨声，还沉睡在睡梦中的 201 宿舍的 4 个女学生（李佳、刘方、房华、何林）慌乱地爬起来，结果只有一个人穿对了自己该穿的上装，还有一个人穿对了自己该穿的下装，并且，没有人把上装和下装全部穿对的。

　　根据以下条件，回答 4 个人分别是穿了谁的上装和下装呢？

　　（1）穿了"穿着李佳的上装的人（不是刘方）该穿的下装"的人是刘方。

　　（2）穿了"穿着刘方的上装的人（不是房华）该穿的下装"的人是房华。

114　新课本

　　如果"全班同学都有新课本"这个命题是假的，那真的命题是什么呢？

　　（1）全班同学都没有新课本。

　　（2）有的同学没有新课本。

　　（3）有新课本的便是同学。

　　（4）有的同学有新课本。

115 鱼网袜和蝴蝶发带

有 4 个女子，其中 1 个是有妖法的人，她经常撒谎。拉拉和另外两个人是好孩子，他们从不说谎。4 个人都穿着黑色鱼网袜，其中有 2 双长筒袜是有妖法的，穿上这种袜子即使是好孩子也会说谎，而且 4 个人又都带着白色蝴蝶发带，其中有 2 条发带是有妖法的，它会使妖法让长筒袜的妖法消失（但是对有妖法的女子是没有效果的）。

根据以下条件，请问哪两个人穿着妖法袜子，哪两个人带着妖法发带呢？另外，哪个是有妖法的女子呢？

蕾蕾说："思思穿着有妖法的鱼网袜。"
思思说："拉拉戴着妖法蝴蝶发带。"
平平说："拉拉穿着妖法鱼网袜。"
拉拉说："思思是有妖法的女子。"

116 玛瑙戒指

有 4 个女子，其中有 1 个人是有妖性的女子，她常常撒谎（其他 3 人是单纯的女子，从不撒谎）。而且她们每个人都戴着一个戒指，其中的一个戒指是玛瑙戒指，戴着那个戒指的人（即使是单纯的姑娘）也会撒谎。另外，有妖性的女子也有可能戴着玛瑙戒指，而且她们互相都知道谁是有妖性的女子，谁是戴着玛瑙戒指的女子。

根据以下对话，推断到底谁是有妖性的女子？谁戴着玛瑙戒指呢？

拉拉说："我的戒指不是玛瑙戒指。"
奇奇说："天天是有妖性的女子。"
天天说："戴着玛瑙戒指的是兜兜。"
兜兜说："天天不是有妖性的女子。"

魔 鬼

月亮宫里住着 4 个女子（光光、木木、乔乔、贝贝）。她们之中的一个人变成了魔鬼（假如叫做木木的女子变成了魔鬼，那么如果她说："我不是木木"的话，就要看做是实话）。另外，她们之中有一个人经常撒谎（有可能是变成魔鬼的女子），其他人都不撒谎。但是大家都不知道谁变成了魔鬼。

有一天，她们的对话被吴刚听到了。请根据吴刚的记录说说这 4 个人的名字分别是什么？是谁变成了魔鬼？

戴黄色头冠的女子说：

（1）"我不是贝贝。"

（2）"戴蓝色头冠的人是木木。"

戴白色头冠的女子说：

（1）"我不是贝贝。"

（2）"戴黑色头冠的人是乔乔。"

戴蓝色头冠的女子说："我不是木木。"

戴黑色头冠的女子说："戴黄色头冠的女子是光光。"

三兄弟购物

强强、壮壮和冬冬三兄弟约定在某个周日去商场。他们各自买了不同的东西（书包、CD、英语字典、篮球之中的一个）。

请根据 3 人说的话，推断谁买了什么东西。每个男孩的话都有一半是真话，一半是假话。

强强说：

（1）"壮壮买的不是篮球。"

（2）"冬冬买的不是 CD。"

壮壮说：

（1）"强强买的不是 CD。"

（2）"冬冬买的不是英语字典。"

冬冬说：

（1）"强强买的不是书包。"

（2）"壮壮买的不是英语字典。"

119 小鸟吃虫子

在一个虫子不太多的日子里，黄鸟、白鸟、黑鸟、绿鸟 4 只鸟还是想方设法各自捉到了一条虫子。虫子的长度各不相同，分别是 3 厘米、4 厘米、5 厘米、6 厘米。以下是 4 只鸟的话，其中捉到红色虫子的 2 只鸟是真话，捉到黑色虫子的 2 只鸟的话是假话。

请问：每只鸟分别捉到了多长的什么颜色的虫子？

黄鸟说："我捉到的虫子有 4 厘米或者 5 厘米长。"

白鸟说："黑鸟捉到的虫子是 3 厘米的红色虫子。"

黑鸟说："绿鸟捉到的虫子是 5 厘米的黑色虫子。"

绿鸟说："白鸟捉到的虫子是 4 厘米的红色虫子。"

120 乌龟赛跑

有甲、乙、丙、丁 4 只乌龟，它们在本周进行了惯常的赛跑。上一次比赛没有出现"第一名是两只"的并列情况，这次也一样。而且上回的第一名不是丙乌龟。

4 只乌龟所言如下，在上次比赛中名次下降的乌龟撒谎了，名次没有下降的乌龟说了实话。

不巧的是它们的对话被兔子听到了。根据兔子的叙述，推测一下 4 只乌龟在上次和这次比赛中分别获得第几名？

甲："乙上次是第二名。"

乙："丙这次是第二名。"

丙："丁这次比上次位置上升了。"

丁："甲这次名次上升了。"

德拉家和卡卡家的狗狗们

德拉家和卡卡家共有 4 条狗（名字分别是多多、依依、咪咪、汪汪），主人喜欢把它们打扮得漂漂亮亮的。一天，它们说了如下的话，在这些话中，如果是关于自家的话就是真实的，如果是关于别人家的话就是假的。

请问，这 4 条狗狗分别是谁家的？

穿红衣服的狗狗说：
（1）"穿蓝衣服的狗狗是多多。"
（2）"穿白衣服的狗狗是依依。"

穿蓝衣服的狗狗说：
（1）"穿白衣服的狗狗是咪咪。"
（2）"穿绿衣服的狗狗是汪汪。"

穿白衣服的狗狗说：
（1）"穿绿色衣服的狗狗是多多。"

穿绿衣服的狗狗说：
（1）"穿红衣服的狗狗是多多。"
（2）"穿白衣服的狗狗是卡卡家的狗狗。"

太平洋里的鲨鱼

在太平洋里住着 5 条鲨鱼，它们分别居住在不同的海洋深度（800 米、900 米、1000 米、1100 米、1200 米）。一天，它们在海面冲浪后聚到一起聊天，它们的对话凡是关于居住深度比自己浅的鱼的叙述都是真的，关于居住比自己深的鱼的叙述都是假的，而且其中只有一条鲨鱼说了真话。

那么，这 5 条鲨鱼分别居住在哪个深度呢？

甲说："乙是在 900 米或者 1100 米的地方居住。"
乙说："丙是在 800 米或者 1000 米的地方居住。"
丙说："丁是在 1100 米或者 1200 米的地方居住。"
丁说："乙是在 1100 米或者 1000 米的地方居住。"
戊说："甲是在 800 米或者 1000 米的地方居住。"

这里有一个身穿白色婚纱的长发女孩子，她的名字叫做美嘉。她选择在冬天结婚。她的 4 位朋友作了如下的说明，其中，有两个人的话是假话，有两个人的话是真话。

请根据以下所说，判断美嘉的白色婚纱里面穿的是什么？（存在什么都没穿的可能性）

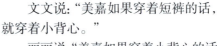

文文说："美嘉如果穿着短裤的话，就穿着小背心。"

丽丽说："美嘉如果穿着小背心的话，就穿着白色紧身裤。"

拉拉说："美嘉如果穿白色紧身裤的话，就穿着短裤。"

香香说："美嘉如果没有穿白色紧身裤的话，就穿着白色小背心。"

123 出嫁的新娘

124 谁是老大

警察在车厢里发现一伙人赌博，他们是张三、李四、王五、阿七。在审问他们谁是老大时，他们的回答各不相同。

张三说："老大是王五。"
李四说："我不是老大。"
王五说："李四是老大。"
阿七说："张三是老大。"

经过了解，这伙人中只有一个人说的是实话，其他三人说的都是假话。

警长问他的部下："知道谁是老大吗？"
部下指着一个人说："是他。"
请问，你知道"他"是谁吗？

125 说英语的绿卡人

"只是会说英语，不代表就是绿卡人。"
下列哪个选项跟这句话的意思相符？
（1）一个绿卡人一定要会说英语。
（2）因为会说英语就可以称得上是绿卡人。
（3）一个绿卡人只会说英语是不够的。
（4）不会说英语就不算是绿卡人。

就职演说会

在总统就职演说会上，准备了很多顶黄帽子和红帽子，要用来试试亚当、比尔和艾文这三位官员的智慧。

新上任的总统说："至少会有一顶黄帽子。"

然后，三个人都被戴上了黄帽子，他们每个人都可以看到另外两人的帽子，但就是不知道自己帽子的颜色。

想了一会儿之后，三个人突然异口同声说："黄帽子！"

请问为什么？

创造力的问题

如果"创造力虽不够大胆，但却充满着个性"这个命题是假的，那么真的命题是什么呢？

（1）创造力很大胆或缺乏个性。

（2）创造力很大胆且缺乏个性。

（3）创造力很大胆但缺乏个性。

（4）想象力不够大胆且充满个性。

说谎者

甲、乙、丙、丁、戊五个人当中，有两个人是从来不说谎的老实人，但是另外三个人是总说谎的骗子。

下面是他们所说的话：

甲说："乙是骗子。"

乙说："丙是骗子。"

丙说："戊是骗子。"

丁说："甲和乙都是骗子。"

戊说："甲和丁都是老实人。"

根据以上对话，请找出老实人是哪两位？

沙漠之旅

在一个晴朗的午后，一位旅行家不小心迷了路。这个渺无人烟的原始森林里住着一个原始部落，部落里有一些人只说实话，另一些人只说谎话。

旅行家觉得非常口渴，想要一点水喝，看到前面有一个水桶，于是他随便问了一位部落里的人这水可不可以喝。

"今天天气真好啊！"

"Yes。"

"这水可以喝吗？"

"Yes。"

请问，这水到底可不可以喝呢？

猛兽出没 130

有一位探险家来到一个猛兽经常出没的村庄，村里住着老实族和骗子族。探险家想知道今天有没有猛兽出没，就去问一个村民，聪明的探险家问了一个问题就知道今天有没有猛兽出没了。

请问：他问的是什么问题？

131 篮球比赛

某县的 5 所中学进行篮球比赛，每所学校互赛一场进行循环赛。比赛的结果如下：

一中：2 胜 2 败

二中：0 胜 4 败

三中：1 胜 3 败

四中：4 胜 0 败

请问：五中的成绩如何？

132 公司业绩

同兴公司这个月的市场拓展业绩比赛结果公布如下：

小张的业绩比小王的好；

小李的业绩输给了小赵；

小孙输给了小田，但赢过了小张；

小王赢过了小赵，但输给了小孙。

请问：业绩最差的是谁？

谁姓什么 133

大明、二明、三明、四明的姓各自是"张"、"王"、"李"和"赵"。

（1）大明的姓是"王"或"李"其中的一个。

（2）二明的姓是"张"或"王"其中的一个。

（3）三明的姓是"张"或"李"其中的一个。

（4）姓"王"的人是大明或四明其中的一个。

猜猜这四个人的姓。当然，四个人的姓都不一样。

134 喜欢与不喜欢

在向阳中学，针对语文、数学、英语、历史四科做调查，其结果如下：

（1）喜欢数学的学生不喜欢语文。

（2）不喜欢英语的学生喜欢语文。

（3）喜欢英语的学生不喜欢历史。

根据这样的结果，请问下面哪个叙述是正确的？

（1）喜欢语文的学生喜欢历史。

（2）喜欢数学的学生喜欢历史。

（3）喜欢语文的学生不喜欢英语。

（4）喜欢历史的学生不喜欢数学。

A 至 H 共 8 个班级举行拔河比赛的淘汰赛。

拔河比赛

135

（1）冠军是 A 班。

（2）亚军是 B 班。

（3）C 班跟 D 班在第一回赛中对战，C 班获胜。

（4）C 班在第二回赛时，败给 B 班。

（5）E 班的成绩是一胜一负。

那么，请问 A 班在第二回赛时的对手是哪一个班？

136 谁大谁小

小强与小田是两兄弟，有一天被一个路人问到谁的年龄比较大。

小强说："我的年纪比较大。"

小田说："我的年纪比较小。"

他们两个不是双胞胎，而且他们之中至少有一个人在说谎。

请问：谁的年龄比较大？

有一个银行行长被谋杀了。

杀人犯 137

警方经过一番努力侦查，将大麻子、小矮子和二流子 3 个嫌犯带回问讯，他们的供词如下。

大麻子说："小矮子没有杀人。"

小矮子说："他说的是真的！"

二流子说："大麻子在说谎！"

结果是，三人中有人说谎，不过真正的罪犯说的倒是实话。

请问，哪一个是杀人犯？

138 跟谁握手

骗他！

甲、乙、丙、丁、戊一同参加一个聚会，他们互相握手问好。甲和 4 个人都握了手，乙和 3 个人握了手，丙和 2 个人握了手，丁和 1 个人握了手，请问戊和哪几个人握了手呢？

139 擅长唱歌

调查组针对学校某一年级进行了一次调查，结果如下：

"甲班的学生全部都擅长唱歌。"

"乙班的学生里也有擅长唱歌的人。"

以下哪一个叙述是正确的呢？

（1）擅长唱歌而不属于甲班的学生，是乙班的。

（2）擅长唱歌而不属于乙班的学生，是甲班的。

（3）有擅长唱歌但不属于甲班的学生。

（4）擅长唱歌的学生，是甲班或乙班其中一班的。

谁是谁的新娘 140

大林、二林和小林三兄弟家的隔壁住着春红、夏红、秋红三姐妹。他们彼此都有喜欢的对象，三对恋人决定一起结婚。但他们非常害羞，在说自己的新娘、新郎的时候都故意讲错。

（1）大林："我要跟春红结婚。"

（2）春红："我要跟小林结婚。"

（3）小林："我要跟秋红结婚。"

请猜猜谁是谁的新娘？

141 坚强的儿子

从前，当罗马陷入战乱的时候，有位母亲对想趁着乱世称雄的儿子这么说：

"如果你正直，就会被大众所背叛；但如果你不正直，就会被神遗弃。反正都没有好下场，你就别强出头了。"

这位坚强的儿子不但不放弃，还利用这番话中的盲点说服了他母亲。

请问：他是如何辩解的呢？

142 三个女儿割草

农夫生有 3 个女儿，这 3 个女儿除了会割草以外，什么都不会。一天，农夫来检查她们的割草情况，大女儿说她割了 1 篮，二女儿说她割了 2 篮，小女儿说她割了 3 篮，但她们一共只能割 4 篮草，显然至少有一个人在撒谎。

大女儿说："三妹一贯都喜欢撒谎。"

二女儿说："她们都说了谎。"

小女儿说："二姐说谎了。"

请问：她们各割了多少草？

143 三只八哥

罗伯特、丽萨、艾米是 3 只八哥，它们分别来自 3 个国家。其中来自 A 国的八哥一直说真话，来自 B 国的八哥一直说假话，来自 C 国的八哥特别有意思，它总是先说真话再说假话。

对于这 3 只难以对付的八哥，饲养员偷偷地录下了它们的对话，请你根据它们的对话说出这 3 只八哥分别来自哪个国家？

罗伯特说："艾米来自 C 国，我来自 A 国。"

丽萨说："罗伯特来自 B 国。"

艾米说："丽萨来自 B 国。"

144 猜 谜

5 个宝盒里分别装有红、绿、黄、黑、蓝 5 种颜色的钻石。博士让 A、B、C、D、E 5 个人来猜，猜中了就把里面的钻石奖给他。

A 说：第二个宝盒蓝色，第三个宝盒黑色。

B 说：第二个宝盒绿色，第四个宝盒红色。

C 说：第一个宝盒红色，第五个宝盒黄色。

D 说：第三个宝盒绿色，第四个宝盒黄色。

E 说：第二个宝盒黑色，第五个宝盒蓝色。

答案揭晓后，5 个人都猜对了一盒，且每人猜对的颜色都不同。请问：每个宝盒里分别装了什么颜色的钻石？

145 期末考试

在一次期末考试中，婷婷、亮亮、佳佳、小美分别获得了前四名。考试之后她们曾经做了一次自我估计：

婷婷说："我不可能得第四名。"
亮亮说："我会比婷婷高两个名次。"
佳佳说："我比婷婷高一个名次。"
小美说："我比佳佳高两个名次。"

成绩公布之后，她们之中只有一个人估计错了。

请问：她们各自得了第几名？

他们是什么关系 146

一个特别喜欢炫耀的人，每当向别人介绍自己办公室里的同事情况时都会这样说："我和王先生、张先生、李小姐三人之间是直接的上下级关系；王先生和赵小姐之间有工作联系；张先生和董先生之间是直接的上下级关系；李小姐和杜小姐有工作联系；赵小姐和董先生工作联系多；董先生和杜小姐工作联系也多。我常常给王先生、李小姐安排工作任务，董先生给赵小姐安排工作任务；张先生给董先生安排工作任务；董先生给杜小姐安排工作任务。我就从张先生那里接受工作任务。"

请你根据这番啰唆的话推断出他们之间分别是什么关系。

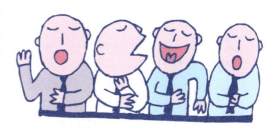

147 死囚

一位法官判处一个人为死罪，听到消息后这个人非常恐惧。于是法官下令：从明天开始，到第七天傍晚，必须把这个死囚拖到刑场处以绞刑。但如果在处决他的那一天早晨死囚知道了自己要被处以绞刑，那么这一天就不能处死他。死囚听到这个规定后非常地高兴，认为自己不可能被处死了。你觉得可能吗？

148 谁是司机

A、B、C 三人在火车上担任刹车员、售票员和司机（不一定按此顺序排列）。有一天，火车上只有三位乘客，他们分别来自三个不同的城市。很凑巧，这三位乘客的姓也是 A、B、C，暂且称他们为 A 先生、B 先生和 C 先生。

另外还知道：

（1）C 先生住在底特律市。

（2）刹车员住在芝加哥和底特律之间。

（3）住在芝加哥的乘客和刹车员同姓。

（4）刹车员的一位邻居也是一位乘客，他挣的工资正好是刹车员工资的三倍。

（5）B 先生一年只挣 2000 元，他的生活要靠政府救济。

（6）A 先生的台球打得比售票员好。

根据以上信息，请回答：谁是司机？

149 卡洛尔的难题

英国剑桥大学数学讲师曾出了下面这道题目来测验他的学生的逻辑思维能力。题目是这样的：

（1）教室里所有有日期的信都是用粉色纸写的。

（2）丽萨写的信都是以"亲爱的"开头的。

（3）除了约翰外没有人用黑墨水写信。

（4）皮特没有收藏起可以看到的信。

（5）只有一页信纸的信中，都标明了日期。

（6）未作标记的信是用黑墨水写的。

（7）用粉色纸写的信都收藏起来了。

（8）一页以上信纸的信中，没有一封是做标记的。

（9）约翰没有写一封以"亲爱的"开头的信。

根据以上信息，判断皮特是否可以看到丽萨的信？

150 皇妃与侍女

　　一个皇帝有 20 个皇妃，20 个皇妃相互的关系并不融洽，而且她们每人都有一个坏侍女。虽然每一个皇妃都知道其他皇妃的侍女是坏人，但由于她们之间关系不融洽，因此她们都不知道自己的侍女是否是坏人。

　　皇上知道此事后，把 20 个皇妃召集在一起说："在跟随你们的侍女中至少有一个坏人。作为主人，如果知道了自己的侍女是坏人就必须立刻杀了她；如果知道了又不杀的话，那自己的脑袋就保不住了。我给你们 20 天的时间进行选择。"

　　为此，皇上办了一早报，如果那位侍女被杀了就会刊登在早报上，可 19 天都平静地过去了，在第 20 天早晨，仍然没有哪一位皇妃杀自己侍女的消息。请问：接下去的情况将会怎么样呢？

151 今天星期几

　　同住一个院子里的小朋友们的闹钟同时罢工了，所有人都起得很晚。由于大人们都出去了，家里又没有日历，他们就围在一起讨论今天是星期几。

　　小红说：后天星期三。

　　小华说：不对，今天是星期三。

　　小江说：你们都错了，明天是星期三。

　　小波说：今天既不是星期一也不是星期二，更不是星期三。

　　小明说：我确信昨天是星期四。

　　小芳说：不对，明天是星期四。

　　小美说：不管怎样，昨天不是星期六。

　　他们之中只有一个人讲对了，是哪一个呢？今天到底是星期几？

152 谁是凶手

某宾馆发现一具尸体，医生对死者进行检查后，说："从最近的距离向心脏打了一发子弹，因此立即死亡。"

警察立刻展开对此事的调查，传讯了三位有嫌疑的人。三人分别作了如下的证词：

甲说：死者不是乙杀的，是自杀的。

乙说：他不是自杀的，是甲杀的。

丙说：不是我杀的，是乙杀的。

后经查明，每个人的话都只有一半是正确的。

根据以上信息，说出谁是凶手。

153 谁看了篮球赛

5 个朋友中只有一个人上周看了篮球赛。5 个人都说了 3 句话，但他们每个人说的 3 句话中，只有两句是对的，一句是错的。对话如下：

A 说：我没有看篮球赛。我上个月没看过任何篮球赛。D 看了篮球赛。

B 说：我没看篮球赛。我从篮球场前走过。我读过一篇篮球报道。

C 说：我没看篮球赛。我读过一篇篮球评论。D 看了篮球赛。

D 说：我没看篮球赛。E 看了篮球赛。A 说我看了篮球赛，那不是真实的。

E 说：我没看篮球赛。B 看了篮球赛。我读过一篇篮球评论。

根据他们的对话，思考谁看了足球赛。

礼服和围巾 154

有 3 个礼盒，第一个盒子上贴着"3 件晚礼服"，第二个盒子上贴着"3 条围巾"，第三个盒子上贴着"2 件晚礼服、1 条围巾"，但是这些标签和内容都完全不符合。请问：你应在哪几个盒子里至少检查多少物品，才能确定哪只盒子里有什么物品？

第二部分

视觉思维游戏

　　世界上最棒的问题解决专家都有很强的视觉观察能力，他们能在不可能的图形与空间中找到合理的图形规律与空间变换规律，在不合逻辑的情境中找出合逻辑的答案。他们告诉大家：常识并非永远不能逆反，这就是拥有很强视觉空间与观察智能思考的核心。

　　还在等什么？拥有超强的视觉与空间观察能力，唤醒图像脑——右脑，强化视觉空间与观察智能，就从视觉游戏开始吧！

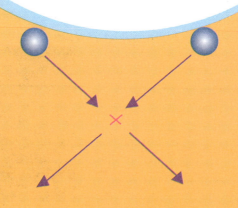

155 不可能的台阶

如果登上巴黎圣母院的台阶是这样的，你觉得会发生什么呢？你能找到最低一级和最高一级的台阶分别在哪儿吗？

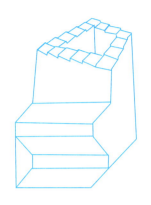

流动的广场 156

中间的灰色广场地带在移动吗？

157 两只小花猫

这两只小花猫哪只更大？

158 波根道夫幻觉

与左上角的红线共线的是什么颜色的线？

159 连续线幻觉

图中一系列的"正方形"看起来是完整的，彼此分离的。但实际上，它们是由一条连续不断的线画成的。不用手指跟踪认读，你是否能用眼睛完整地将这根线从头到尾跟踪下来呢？（起点不限）

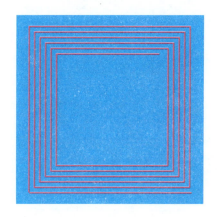

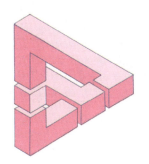

路透斯沃德的不可能的三角形 160

这是瑞典艺术家奥斯卡·路透斯沃德创作的一个不可能存在的三角形，你是否能把它的不合理之处说清楚呢，而不仅仅是用感叹的话语？

161 三角形错觉

哪个颜色的线看起来更长？

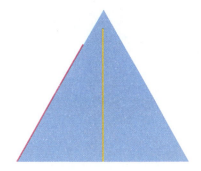

比泽尔德幻觉（1） 162

请你正确描述一下左图中两对大三角形和两对小三角形的颜色。

 比泽尔德幻觉（2）**163**

相邻的长方形的颜色对比度从头到尾都是一致的吗？

 164 黑林图形

两条横线看起来是不是向外弯曲呢？

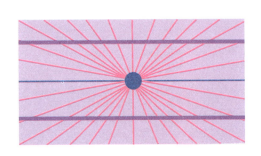

这是圆吗 **165**

这是一个圆还是一个不规则的图形？

 166 巧去蓝点

除掉画中的蓝点，不要闭上眼睛，或者用别的东西把它盖住，或者干脆翻过去，也不要试图用橡皮擦去，这可是标准印刷哦。

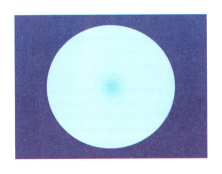

167 花瓶还是人像

你看的是花瓶还是两个人的头的侧面像？你能看出不同的花瓶背后描述了什么样的画面吗？

这是一堆什么东西 168

能看出左图是一堆什么东西吗？

169 奇特的烤肉串

如果用这个架子去烤肉，是你痛苦，还是食用者更痛苦呢？

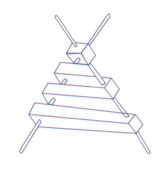

170 长方形

这些张牙舞爪的牙齿排成的轮廓是长方形吗？

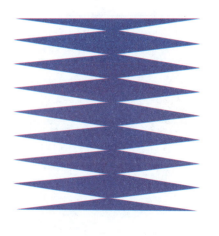

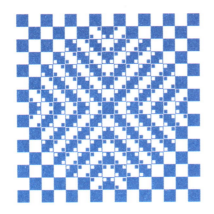

这是直线吗 171

图中的线条看上去很弯曲，是这样吗？

172 棒棒糖

好漂亮的棒棒糖，红色的部分是同心圆还是螺旋，你能跟踪它转动的轨迹吗？

```
 1000
   40
   60
 1000
 1040
 1000
+  60
──────
 ????
```

算一算 173

这个加法运算看似不难，你能声音响亮地把这组数字连加起来说出最后的解析吗？（要快速，而且不要用其他辅助工具。）

174 直线还是曲线

这究竟是直线还是曲线？

175 第三根手指

现在我们将要在你的眼前为你变出第三根手指，请你按照要求这么做：

把双手放在与眼睛平直的水平线上，分别伸出食指（如图所示）让指尖也保持与眼睛在同一水平线，然后盯着离手指几英寸（1英寸=2.54厘米）远的墙看，不久你就会看到第三根手指——悬浮在空中的手指。

176 三角幻觉

三角形缺口部分的两端能够完整地接在一起吗？

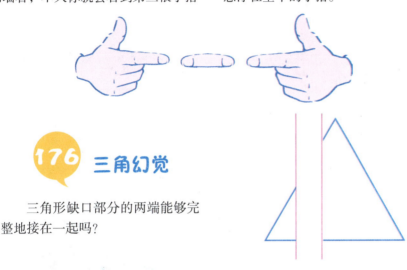

177 霓虹水蛇

漂亮的霓虹像水蛇一样盘旋，停！图中的紫色区域似乎有什么不同，你发现了吗？

178 谁大谁小

图中有四个接连的方形体，但是它们的大小好像有很大的区别哦，究竟谁大谁小呢？另外，你是否也一眼看到它们四个的颜色也深浅不一？是这样吗？

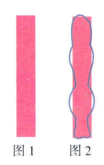

图 1　　图 2

博伊顿幻觉 179

左图中图 2 的蓝线框住了红色柱体，是这样吗？退后 1.8 米左右再看，发生了什么？

180 虚幻的三角形

你能看见一个三角形吗？并且这个三角形明显比背景颜色显得更亮？

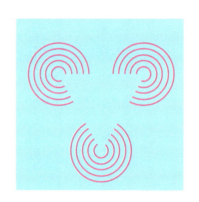

181 圆心·在哪儿

这个圆内有多条同方向的弧线，但只有一条弧线通过了这个圆的圆心，你能判断一下圆心是在哪种颜色的线上吗？当然，要在不用任何测量工具的前提下。

182 虚幻的球体

你能看出一个球体吗？

庞泽幻觉

这些圆是完全成一条线吗？

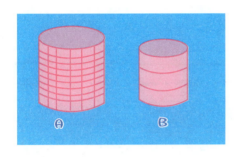

高度/宽度幻觉

A 和 B 各自的高度与宽度是一样的吗？

 脸部幻觉

她究竟怎么了？倒过来看一下。

买一送一

某人花了一辆车的钱买了两辆车，但是他却没法找到第二辆车，你能找到吗？

圆形还是菱形

背景图形是圆形还是菱形？

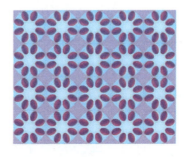

移动的手

盯着画面，慢慢移动书页，直到靠近你的脸，看到了什么？

 智力测验

图 1 中，红方块儿大，还是蓝方块儿大？或者两个一样大？

图 2 中，两条水平线是弯曲的，还是直的？

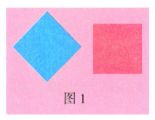 

图 1　　　　　　　　图 2

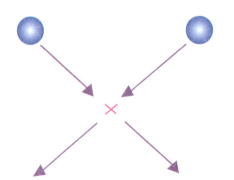

相撞的球

注意观察图中的两个小球，看一会儿，你发现了什么奇妙的事情吗？

 凝视的方向一致吗

这对双胞胎中谁在望着你？莎莉还是爱丽？

莎莉　　　　　爱丽

谁更漂亮

这三个人是同一个人吗？你觉得他们谁更漂亮？

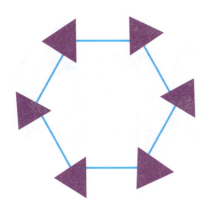

六边形幻觉 **193**

直线如果相连，会是一个正六边形吗？

 疯狂的图形

蓝色的表面究竟是朝上还是朝下？

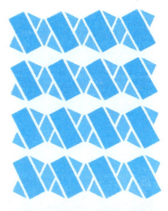

 粉色区域

右图的左边和右边分别是什么颜色？

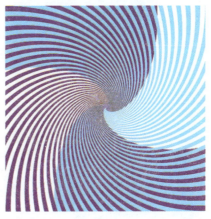

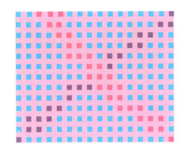

几种颜色

看一下左图，说出图中有几种颜色？

 ## 流星箭矢

仔细观察，图中上、下两支箭有什么行动？

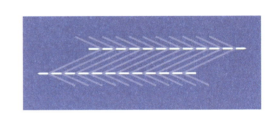

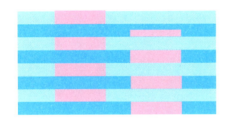

粉色竖条

左图中的两种粉色竖条颜色一样吗？

 ## 哪个颜色更深

观察右图，中间的颜色更深吗？

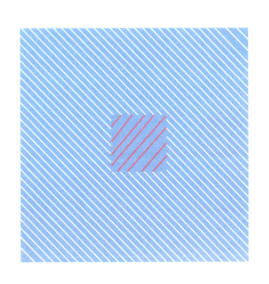

旋转 (1)

仔细看下图中的圆，它们在转动吗？

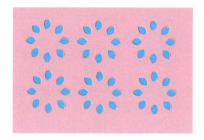

旋转 (2)

再看看这幅图，在转动吗？

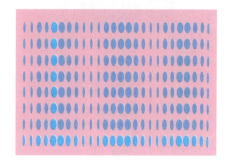

 转动的圆圈

眼睛盯着左图中间的蓝点，头前后移动，看到什么了？

 小美女美吗

这位小美女，你觉得漂亮吗？

哪个线段更长

正方形还是长方形

205

左面这个图形是比较高还是比较宽?

206 红色圆圈难题

注意观察两幅图中的红色圆圈部分,你能发现哪些不同?

散热器一样吗

207

观察一下这两辆车后部的散热器,它们的高度和宽度是一样的吗?

208 两个椭圆一样吗

你一定注意到在这个看似木桶的物品中有两个大小差不多的椭圆,仔细看一下,椭圆 A 是比椭圆 B 小吗?

弧线比较

209

左图中人的眼部似乎有些不正常,哦,还是暂且忽略一下吧。试着检查一下她的两个睫毛的弧度是一样的吗?

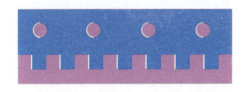

长城明月夜

秦时明月汉时关。今夜古长城上空的明月似乎也在追忆着什么，你能看出它在向哪个方向移动吗？

 ## 被隔断的拱门

拱门似乎被中间的石柱隔断了，左、右两边的弧线也错位了，是这样吗？

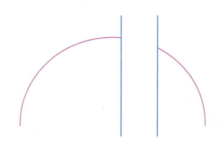

线段比较 212

AB 线段、CD 线段和 EF 线段哪条长，哪条短？你能正确排序吗？

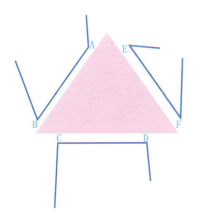

 ## 如影随形的目光

看着这幅人像，盯着她的眼睛，然后试着前后、左右移动自己的位置，发现了什么？有没有注意到无论你走到哪里，她都在看着你呢？这是为什么呢？

214 向日葵

向日葵在找太阳吗?

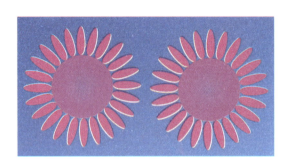

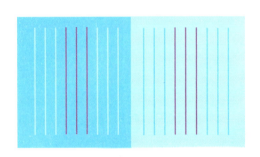

紫色直线 215

两幅图中间各有三条紫色的直线,但是左边和右边的颜色难道没有区别吗?

216 奥毕森幻觉

这是正方形吗?

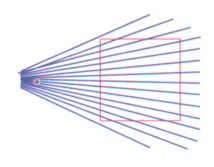

向前还是向后 217

这匹马,是向你走来还是正在离你而去呢?

隐藏的图像 (1)

选对正确的三个白色图像，盖住其余的图像，你会发现一个意想不到的隐藏图像，赶快试试吧。

隐藏的图像 (2)

试着在右图中找到 4 个合适的圆，然后转动 180 度，你会发现一个隐藏的图像。

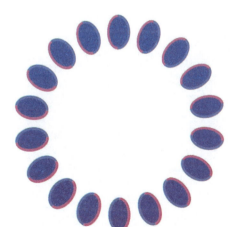

流转鸡蛋

图中蓝色的鸡蛋似乎在顺时针旋转，是这样吗？

同心圆

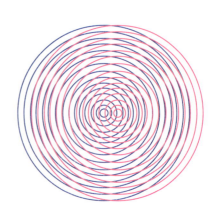

右图中的两个圆有重合，又没有完全重合，如果将两个圆的距离拉远一些，你会发现两个圆共同形成 10 条辐射线，现在试着将两个同心圆的距离稍微拉开一些，再数数辐射线的数目有变化吗？

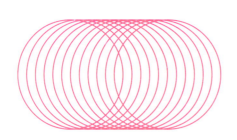

哪个圆在上面

左边的圆在最上面吗？还是右边的圆在最上面？

 **扭曲的绳圈**

两个绳圈被扭曲了，是吗？

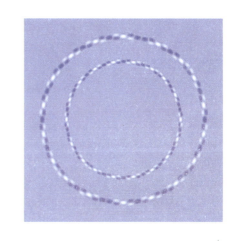

第三部分

图形推理游戏

　　严密的推理习惯与精细的分析能力，是任何复杂的思考活动不可缺少的。

　　这种习惯与能力必须长期培养，你可以通过选择好玩有趣的图形推理游戏，在游戏中建立逻辑判断的基本概念。

　　你会发现，原来图形推理游戏既有趣又耐玩。

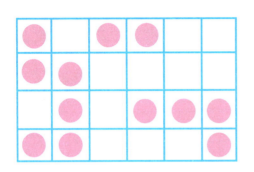

L 形格子  224

　　这是一个很有难度的题目：将左图中的格子分割成同样大小的 L 形，并且每个 L 形必须含有两个圈圈，当然还不能有剩余的格子存在。不要急着看答案，一定要自己先思考哦。

225  找自己

　　A、B、C、D 哪一个能组合成与其上图图案相同的纸盒？

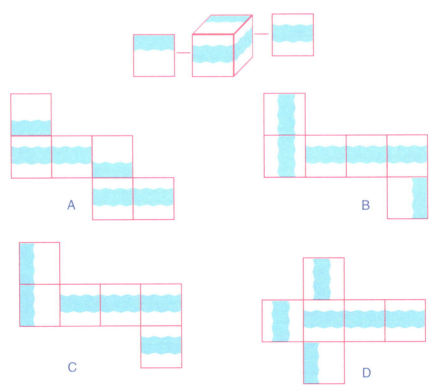

226 变来变去

按照图形规则，从 A 到 E 中选出正确的答案。

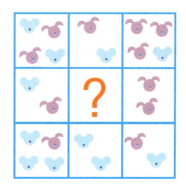

A   B   C   D   E

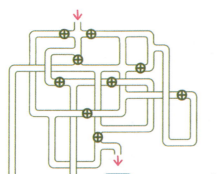

几个水龙头 227

如果让水流到水桶里，最少要开几个水龙头可以办到?

A. 1个   B. 2个   C. 3个   D. 4个

图形

228 棋 盘

将右图中的图形分别填入下面的棋盘中，且每行与每列中的图形都不得重复，你能完成任务吗?

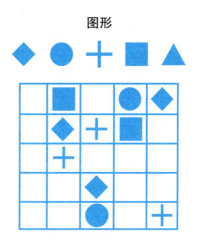

229 多余的图形

如果将下面的一幅图分开的话，哪一幅是多余的呢？

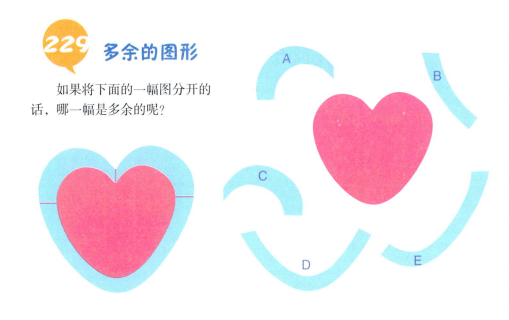

230 跳动的小格子

按色块移动的规律，选出合适的答案。

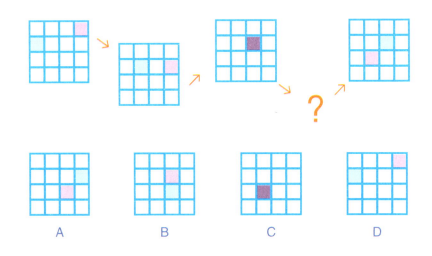

A B C D

对称图形

与右边图形正好左右相反的图形是哪一个?

A   B   C   D

彩色的布

有大小相同的6块正方形的布叠放在一起后如下图。由里而外请问是依照什么样的顺序叠放的呢? 选出正确的答案。

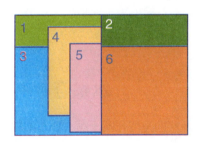

3→1→5→4→2→6

A

4→1→3→5→2→6

B

1→3→4→5→6→2

C

1→3→4→5→2→6

D

小旗子的变化规则

请按照图形变化的规律，从 A 到 D 中选出正确的答案。

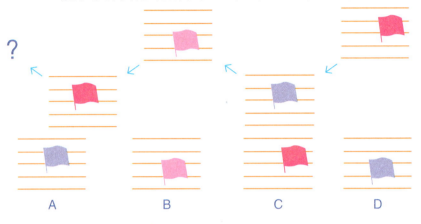

A   B   C   D

移动扑克牌 234

请移动一张扑克牌的位置，使纵列和横列上均各有四张牌。

 水果荟萃

用最快的速度判断出哪一种水果最多？

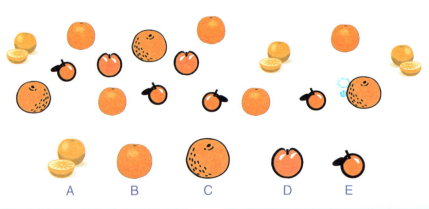

A   B   C   D   E

恢复图形

图 1 的图形被瓜分成了图 2 的样子，它还想回到原来的样子，那么，它该加入 A 至 D 的哪一个呢？

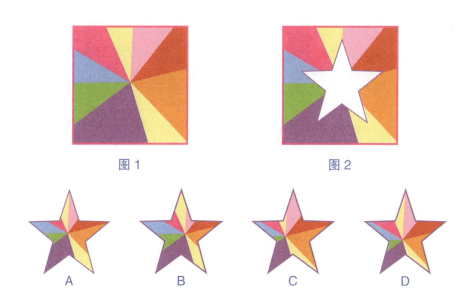

图 1　　　　　　　　　图 2

A　　　　　　B　　　　　　C　　　　　　D

 被穿起来的圆环

编号 1 至 5 的圆圈环环相扣，如果将绑在 1 号圈上的线往上拉起的话，各圆圈会以怎样的顺序被拉起呢？

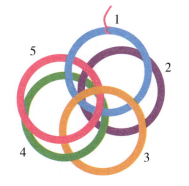

1→2→3→4→5
A

1→3→2→4→5
B

1→5→2→3→4
C

1→5→3→4→2
D

健康的食品

请问哪一个组合与上图图形的内容相吻合呢？用最快的速度选出正确的答案。

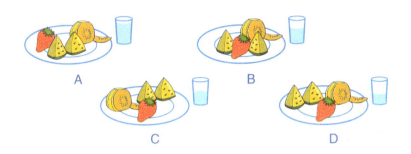

鸭子戏水

按照图形的分布规律，选择出问号处应该填充的图形。

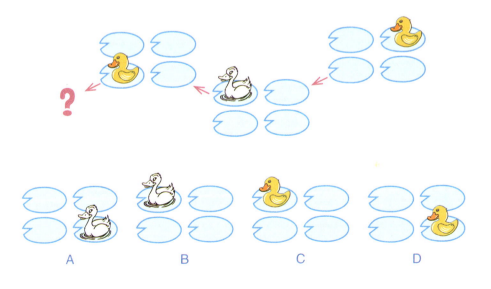

240 各色各样的人

下图的 4 个人之中，有一个人衣着搭配和其他人不一样，请把她找出来。

A   B   C   D

241 一变三

6 根火柴棍围成一个长方形，你能添加 3 根火柴棍，变成 3 个正方形吗？

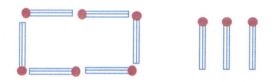

242 不同的图形

下图中有一个图的组合方式与其他的图不一样，请找出来。

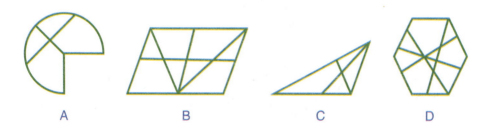

A   B   C   D

243 小纸盒

哪一个纸盒组合后会与右图的图形相同呢?

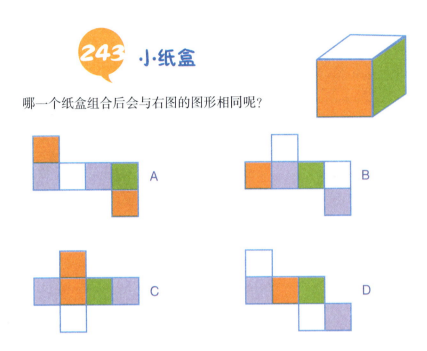

A

B

C

D

244 相反的圆环

与上图图形正好相反的
图形是哪一个?

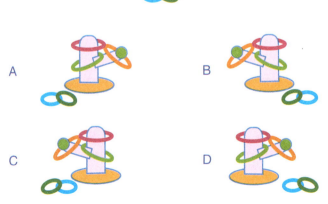

A

B

C

D

245 与众不同

A 到 D 的图形中，只有一个图形与其他图形不一样，请你找出来。

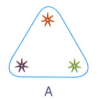
A

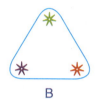
B

C

D

246 不相称

右面哪一幅图与其他的图不相称？

A

B

C

D

切分比萨 247

左边的黄色圆圈代表一块美味的比萨饼，8 个饥饿的小朋友期待分到一块饼。如果只能切 3 刀，且保持原来的厚度，你能把它分成 8 份吗？（不必均分）。温馨提示：不是所有的切割都必须接触整个比萨的外缘，好好想一想吧。

A、B、C、D 哪一个组合后与
上面纸盒的图形相同?

拆分纸盒 248

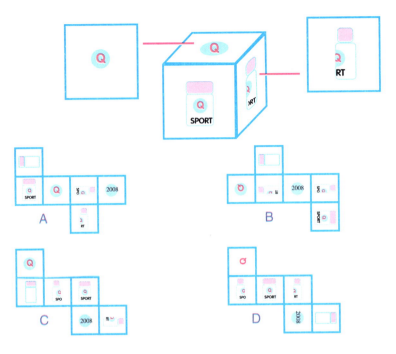

249 相反的一面

与左边图形正好左右相反的
图形是哪一个?

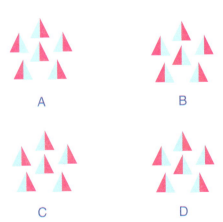

250 多变少

怎样将 8 根火柴棍组成的 10，移动一根变成 2？

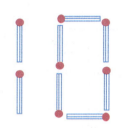

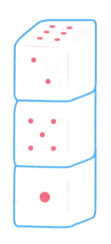

251 三个骰子

桌子上放着 3 个骰子，根据显示的数字，请问骰子与骰子互相接触的面以及骰子与桌面接触的一个面数字之和是多少？

A 17　　　B 15　　　C 13　　　D 11

252 变成什么

按照图形规律，选出正确的答案。

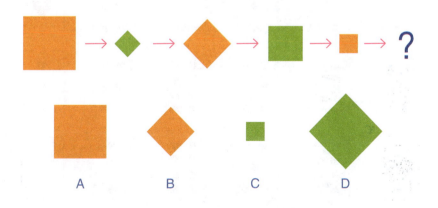

A　　　B　　　C　　　D

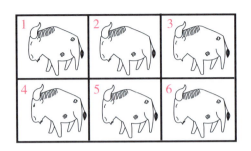

双胞胎 253

有 6 头公牛，其中有两头长得一模一样。用最快的速度，帮助它们找一找。

254 猜猜看

不同的手势会产生不同的影子，看一下示例，然后猜猜看其他手势会是什么影子呢？

 示例：

① ② ③

255 该填什么牌

看下面的图形分布规律，想一想问号处应该填什么牌？

 穿过中心·的圆

　　看右面的图，有一个圆刚好通过一个红色花瓣、一个蓝色花瓣和一个绿色花瓣的中心。依据这样的条件，并且不超过本题范围的圆，可以画出多少个？

多余的·小·雨滴

　　哪一滴小雨点不属于这片云彩？

 字母谜题

　　这个题你一定要快速回答出来：右边的哪一个字母与众不同？

a
e
i
o
u

下面的图是奥林匹克圆环标志，可是这五色圆环的位置弄混了。我们只能确定：

（1）每个圆环的位置都错了。

（2）圆环的连接都不对。（例如：黄色的圆环就不能和红色或绿色的圆环相接。）

（3）黑色圆环在上排某个位置。

根据上面 3 个信息，你是否能推论出正确的奥林匹克标志呢？

 奥林匹克圆环 **259**

260 连线谜题

用 3 条不相交的线段连接颜色相同的圆圈，每个圆圈后面只能绕过一次。

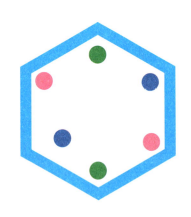

 草莓

 冰淇淋

 面包

 棒棒糖

分蛋糕 **261**

沿着六角形曲折线，你能把这块蛋糕分成八等份吗？每一块蛋糕都必须有一块面包、一份冰淇淋、一个棒棒糖与一颗草莓。

饮料瓶

有 4 个完全一样的饮料瓶，你能把它们摆放得使 4 个瓶口之间的距离两两相等吗？

 还需多少个草莓

根据草莓的分布规律，填满右图空白处还需要多少个草莓？

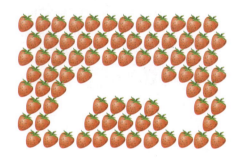

车辆的摆放 **264**

根据图形规律，空白处应该填什么图呢？

A　　　　B　　　　C　　　　D

265 两只蝴蝶

用最快的速度找出两只完全一样的蝴蝶。

266 与众不同

下列 4 个图中，找出一个与众不同的来。

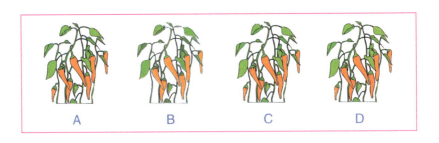

267 被网住的蜻蜓

右面 3 幅图中，哪一个不同于其他两个？

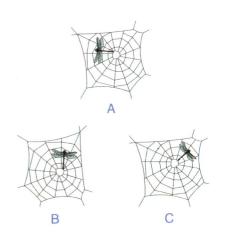

268 需要多少种颜色

给地图上色，最少需要多少种颜色，就可以使相邻的国家颜色不同呢？

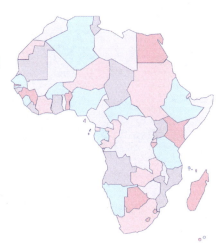

测测记忆力 (1) 269

利用 5 秒钟记住左图，然后翻至下一页。

270 测测记忆力 (2)

利用 5 秒钟记住右图，然后翻至下一页。

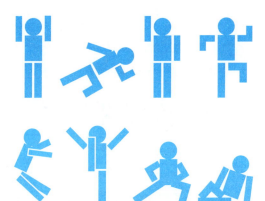

( )　( )

( )　( )

( )

( )

测测记忆力 (1) 271

前页有的打"√"，没有的画"×"。

272 测测记忆力 (2)

前页有的打"√"，没有的画"×"。

( )　　　( )　　　( )

( )　　( )　　( )　　( )　　( )

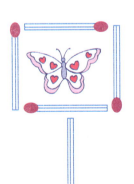

放出蝴蝶 273

苍蝇拍误打了小蝴蝶，请你移动 3 根火柴棍，在保持苍蝇拍形状的前提下，把蝴蝶放出去。

274 变三角形

把右面的图移动 4 根火柴棍，把正三角形变成 5 个。试试看吧！

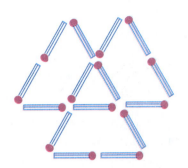

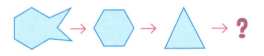

找规律，选图形 275

请按照图形的规律，从选项中选出正确的答案。

A　　B　　C　　D

276 划分线

右图是利用 9 个小正方形做出来的图形，用一条线把此图形分成两部分，即组合成一个正方形。请问，这条线应该在哪里画呢？

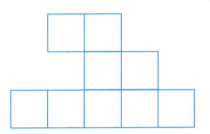

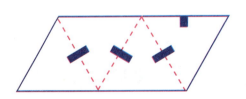

折叠后的样子 277

把左上方的图形折叠，会变成哪一个图形呢？

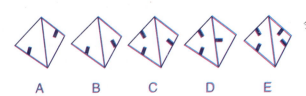

A　　B　　C　　D　　E

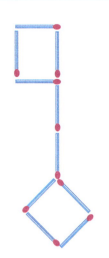

278 变正方形

把右图这个长得有点奇怪的图形变成 3 个正方形。记住，你只能移动 4 根火柴棍。

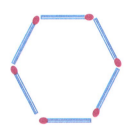

立方体 279

给左面的图形添上 3 根火柴棍，将它变成立方体。

280 搭房子

把右图的 2 棵树变成 1 间房子，只许移动 4 根火柴棍哦。

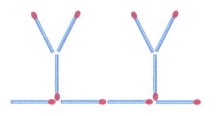

变算式 281

2 = 2，这个算式是正确的。现在，请你移动一根火柴棍，把此式变成另外一个合理的算式。

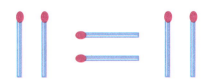

282 立方体的切面图

哪幅图不可能是立方体的切面图?

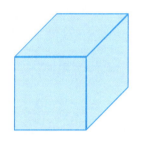

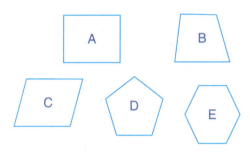

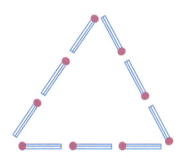

分三角形 283

9根火柴棍可以围成一个正三角形,你可不可以添加3根火柴棍将此正三角形面积分成2∶3∶4的比例?

284 滚动的扇形

右图是一个四分之一圆的扇形,排除水平滑行,当它随扇形从1滚动到2的位置上,P点的滚动轨迹应该是怎样的呢?

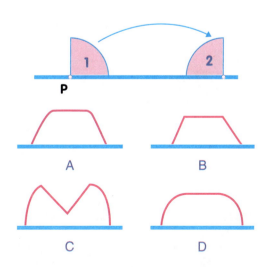

285 考眼力

在这些杂乱的图形里，请选出拥有相同图形的两组来，速度要快哦。

A   B

C   D

E   F

A

B

C

D

绳子 286

仔细观察左图的绳子，判断一下哪一个能打成结？

287 走捷径

右图是一家奶场给当地居民的送奶分布图，三角代表的是送奶的客户点，这个送奶工有一种简便的走法，不绕路、不重复地一次将所有的奶送完，他该怎么走呢？

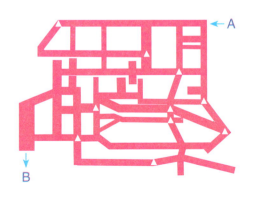

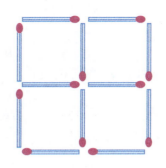

288 4 个变成 3 个

12 根火柴棍摆成了 4 个小正方形，请移动 4 根火柴棍，使其变成 3 个小正方形。

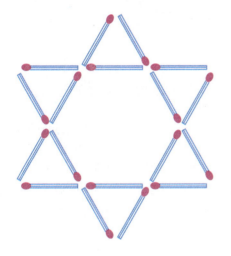

雪花变菱形 289

把左图的雪花，移动 6 根火柴棍，把它变成 6 个相等的菱形。

290 换个方向

右面的小房子想转个方向，请你移动两根火柴棍，帮它完成这个心愿。

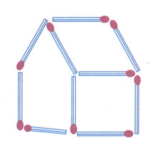

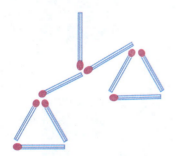

天平 291

左图的这台天平倾斜了，请移动 5 根火柴棍，让一边高一边低的天平平衡。

292 迷惑的城堡

这座城堡是一个秘密迷宫，你该怎样才能走出这个城堡呢？

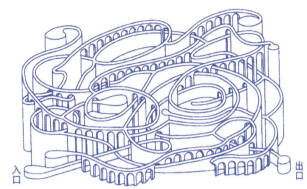

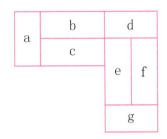

涂色比赛 293

小明和小强两人玩涂色比赛，游戏的规则是：已经涂过的地方和它相邻的地方都不能再涂。例如，小明涂 a，小强涂 e，那么，小明就没有可涂的地方了，小明就输了。如果小明先涂并想取胜，应该先涂哪一快？

294 拼正方形

右图 7 块图块中的 6 块能够拼成一个正方形，但是有一块是多余的，请找出来。

295 调整算式

下面的火柴棍把很简单的算术题都弄错了，1+2+3=4，不许添，不许减，只移动 1 根火柴棍，用最快的速度改正这道简单的算术题。

多变的三角形 296

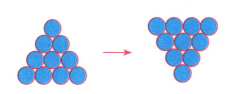

由 10 个小圆球排成一个正三角形，能否移动其中的 3 个圆球，使之变成一个倒三角形？

297 拼图游戏

如果将零散的部分拼成示例图，哪一部分是多余的呢？

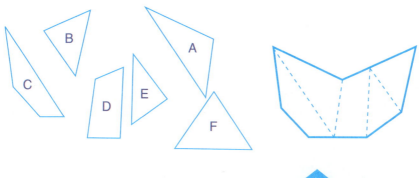

298 正五边形

怎样在右面的正五边形中，再画出个正五边形？

找规律

请按照图形的规律，从 A 到 E 中选出正确的答案。

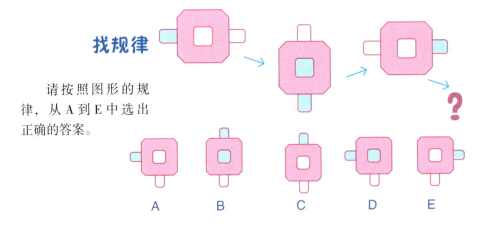

十字架

左图中有 25 个间隔相等的圆点，你能不能将它们连接起来画成示例样子的图？

替代图

看右面的示例图，不用 B 就可以把这个正方形组合起来。还有一种情况，用 B 不用另一个也能组合成示例图的样子，请问是哪一个呢？

示例图

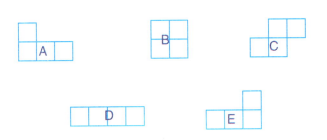

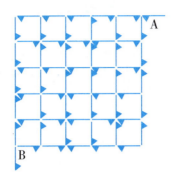

找出路 302

从 A 走到 B，只能沿着小旗的方向前进，左图是走不通的。现在要求调转小旗的方向，使道路畅通，最少要移动几支小旗的方向？

303 迷乐园

右图是一个迷乐园，要求从 A 口处走进去，沿着小路走，既不能重复走，也不能交叉走。请问：如何一下子把这个迷乐园所有的小路走完，然后再从 A 口出来？

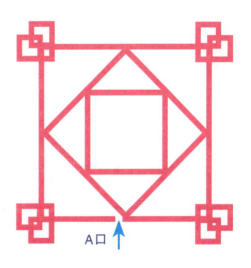

A口

游遍全国 304

左图是某国的全国景区分布图，字母就是著名的各景点。某人计划从 a 处出发，每个景区只经过一次，且路线不能交叉和重复。他应该怎样走才能游遍所有的景区？

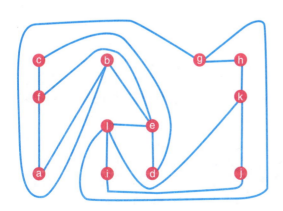

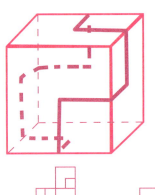

一线牵 305

用一条线穿过立方体的六个面，将这个立方体摊开的话，应该是下面选项的哪一个呢？

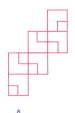

A

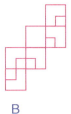

B

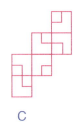

C

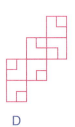

D

306 奇怪的表情

右图的表情各异，你能用最快的速度找出两组相同的表情组合吗？

A   B

C   D

E   F

难辨的圆环 307

左图的这个圆环看得让人眼花缭乱，但还有进一步的考验，那就是找出与示例图正好左右相反的图形来。

A   B   C   D

数个数

看左边的图形，你能数出一共有多少个正方形吗？

 切 点

3 个圆两两相切，图中的红点为切点。如果要得到 9 个这样的切点，最少要有几个圆相切？

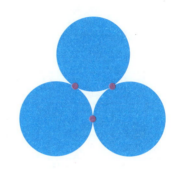

画龙点睛

左图中 3 个字田、禾、田是用 24 根火柴棍组成的，3 个字组合起来没有什么意义。移动其中的 4 根火柴棍，将它变成一个有意义的成语。怎样移动呢？

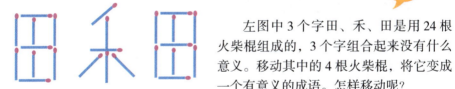

 火车掉头

右面的图是一幅火车图，你能移动 4 根火柴棍，改变火车的行驶方向吗？

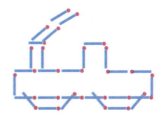

 **对调彩笔**

在左图中有 6 支浅色彩笔，7 支深色彩笔：沿虚线将图剪开，将左下部分和右下部分对调，结果会怎样呢？

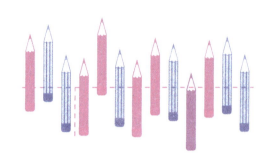

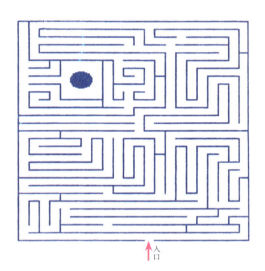

走迷宫 (1)

我们来看一下这座迷宫。目标是从下方的入口出发，到达标有大黑点的区域。

注意：走迷宫时，你要一直抬头往前看，看脚下的这条路是否通向"死胡同"；如果不是，就放弃这条路，并在岔道口上选择另一条路。

 走迷宫 (2)

右面的迷宫很复杂，你能找到它的出路吗？

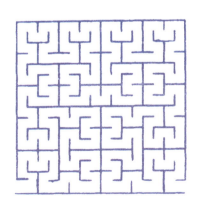

走迷宫 (3)

下图是一个迷宫大挑战。试试看，你能否找到到达中央菱形区域的通路？

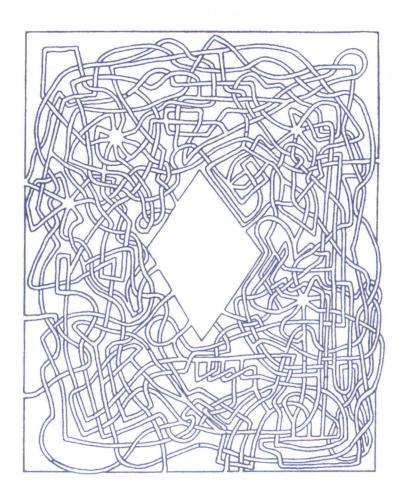

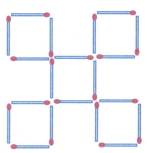

几种方法

　　如左图所示，有 20 根火柴棍。现在请你移动其中的 3 根，由此构成 7 个与原来大小一致的正方形。共有几种方法呢？

变 字

右图是用火柴棍拼成的汉字"春"，请你移动 2 根火柴棍，把它变成另外一个非常熟悉的汉字。

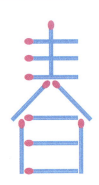

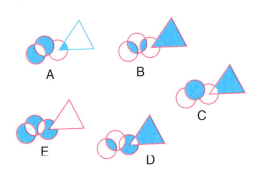

找不同 (1)

找出左面图形中与众不同的那一个。

找不同 (2)

找出右面图形中与众不同的那一个。

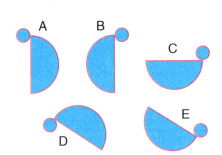

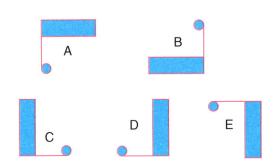

找不同 (3)

找出左面图形中与众不同的那一个。

321 **找不同** (4)

找出右面图形中与众不同的那一个。

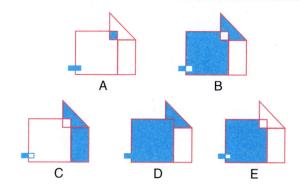

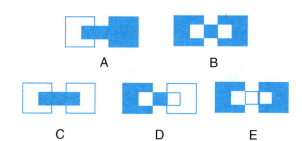

找不同 (5) **322**

找出左面图形中与众不同的那一个。

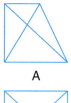

323 **找不同** (6)

找出右面图形中与众不同的那一个。

找不同 (7) **324**

找出左面图形中与众不同的那一个。

325 找不同 (8)

找出右面图形中与众不同的那一个。

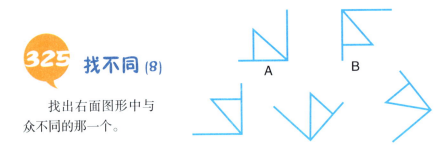

找不同 (9) **326**

找出左面图形中与众不同的那一个。

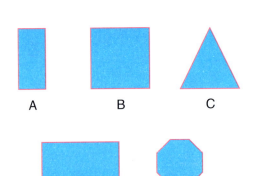

327 找不同 (10)

找出下列图形中与众不同的那一组。

第四部分

数字思维游戏

你还以为数学＝计算＋死记公式，那就该醒醒了！

抛开复杂的计算公式，真正的数学并不是要测验你这方面的能力，重要的是思考的过程。

你需要的是对数字、图形的感觉，灵光乍现的直觉力，柔软的想象力，以及合乎逻辑的思考力。

动动大脑，挑战开始！

328 一定是女儿吗

史密斯先生和史密斯太太有五个孩子，都是男孩。一天他们展开了这样的对话：

史密斯太太说：我希望我们下一个孩子不是男孩。

史密斯先生说：亲爱的，在生了五个儿子之后，下一个肯定是女儿。

问：史密斯先生这样推论对吗？

四只鸭子的性别 329

鸭妈妈生了四只小鸭子。鸭爸爸非常高兴，对鸭妈妈说："亲爱的，你说我的宝宝有几只是公鸭几只是母鸭啊？"

鸭妈妈为难地说："我也不知道呢。"于是，鸭爸爸展开了他的一系列推论：

四只小鸭都是公的不太可能。

也不可能四只都是母的。

每只鸭子是公是母的机会是一半对一半，所以很明显，亲爱的，最有可能的结果是两只公的、两只母的。

鸭爸爸的这种推论是正确的吗？

330 看哪个妹妹

杰克有两个妹妹，一个在南城住，一个在北城住。他每天都会去看他其中的一个妹妹。至于看哪一个妹妹，就取决于他去地铁站时，开往哪个方向的车来得更早。

向南的列车和向北的列车都是十分钟来一次。

有一天晚上，南城的妹妹说："哥哥你真好，你十天来看了我九次。"

又一天晚上，北城的妹妹十分生气："哥，你怎么回事？十天才来看我一次！"

这是怎么回事呢？

331 哪一种推断更准确

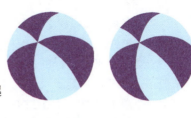

一个男孩有一个玻璃球，一个女孩有两个玻璃球。他们向竖在地上的一根立柱弹球，玻璃球最接近立柱者胜。假定男孩和女孩的技巧完全相同，测量也足够精确而不会引起纠纷。女孩赢的概率是多少？

观点1：女孩弹两个玻璃球，男孩只弹一个，因此女孩赢的概率是2/3。

观点2：把女孩的玻璃球叫做A和B，把男孩的玻璃球叫做C，会出现四种可能的情况：

（1）A球和B球都比C球更接近立柱。

（2）仅A球比C球接近立柱。

（3）仅B球比C球接近立柱。

（4）C球比A球和B球都接近立柱。

这四种情况中三种都是女孩赢，所以女孩赢的概率是3/4。

请判断一下，哪种观点更准确？

332 三个碗的骗局

盖尔是个赌徒。有一次，赌场的庄家对他说我们来玩个新游戏吧。

这里有三个碗，只有一个碗的底下有骰子。如果你说对了，让你的钱变多一倍。

在玩了一阵之后，盖尔断定，他最多只能三次里赢一次。

庄家又对他说："不要走，盖尔先生，我让你破例玩这个游戏。你随便选一只碗，我再翻开一个空碗，这样，骰子肯定在另外两个碗中的一个里，这时你赢的机会就增加了。"

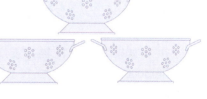

但可怜的盖尔很快就输光了。他没有认识到翻开一个空碗根本不影响他赢的机会，你知道这是怎么回事吗？

333 赌场老板赚钱揭秘

赌场老板因为设置了一个"碰运气"的游戏，赚了一大笔钱！

游戏的规则是这样的：在一个笼子里装着三个骰子，翻转摇晃笼子就使骰子滚动。玩的人可以赌从 1 到 6 任何一个数，只要一个骰子出现他说的数时，他就能得到他赌的钱数。

赌徒往往这样想：如果这个笼子里只有一个骰子，我赌的数就只能在六次中出现一次。如果有两个骰子，则六次中就会出现两次。有三个骰子时，六次中就会有三次赢，这是对等的赌博，很好的机会。

正是由于赌徒这样想，赌场操纵者才狠狠地赚了一笔！你能说出其中的奥秘吗？

鸽子的雌雄概率 334

这里有两只鸽子，一只白鸽子，一只黑鸽子。现在想判断一下它的雄雌。

问："有一只鸽子是雄的吗？"

那么，两只都是雄的概率是 1/3。

如果改变一下问法，判断它们是雄是雌的概率就会不同：

假设问："白鸽子是雄的吗？"

那么，两只都是雄的概率就变成了 1/2。

怎样解释这一现象呢？

335 怎样分汽车

一个老富翁拥有 11 辆古董汽车，每辆值 5000 美元。

这个老富翁死时留下了一个奇怪的遗嘱：他的 11 辆古董汽车分给他的三个儿子。把其中的一半分给长子，1/4 分给次子，1/6 分给小儿子。

大家都感到迷惑不解。11 辆汽车怎么能分成相等的两份？或分成 4 份？6 份？这该怎么分呢？

双赢的赌局

杰克逊教授和两个学生一起去吃午饭。

教授：我来告诉你们一个新游戏，把你们的钱包放在桌子上，我来数里面的钱，钱包里的钱最少的那个人可以赢掉另一个人钱包里的所有钱。

学生甲想：嗯……如果我的钱比乙的多，她就会赢掉我的钱，可是，如果她的多，我就会赢多于我的钱，所以我赢的要比输的多，因此这个游戏对我有利。

学生乙想：如果我的钱比甲多，她就会赢掉我的钱。可是，如果她的钱比我的多，我就可以赢，而我赢的比输的多，所以游戏对我有利。

一个游戏怎么会对双方都有利呢？这是不可能的，可这又怎么解释呢？

很怪的巧合

一辆汽车已坐进 30 个小伙子，他们很快就要上路去宿营地了。而另一辆汽车坐着 30 个姑娘，她们也要去同一地点。在出发前，有 10 个小伙子趁司机不备偷偷地从他们的汽车中出来，溜进了姑娘们的汽车。姑娘们的司机发觉乘客太多了，于是说："好了，请大家不要开玩笑、胡闹！这辆汽车坐 30 个人，所以你们最好下去 10 个人，快点！"结果下去了不知性别的 10 个人，并上了小伙子的汽车、坐上了空座。一会儿，这两辆汽车各载着 30 个露营者上路了。

结果，人们发现这两辆汽车上异性乘客的比例都一样，为什么呢？

哪只手表更准时

有两只手表，其中一只每天慢一分钟，另一只则根本不走，哪一只手表报时准些呢？不要觉得提问奇怪，好好思考一下吧。

339　究竟赚了多少钱

画家甲把他的画卖给了乙，卖了 100 元。

乙把画挂在家中，可是不久，他觉得不喜欢这幅画了，于是又把画卖给了甲，卖了 80 元。几天后，甲将这张画以 90 元卖给了丙。

画家甲很得意，心里盘算着：头一次我卖得 100 元，那正好是我用掉的时间和材料的费用，所以那是对等的买卖。后来，我买它用了 80 元，卖掉又得到 90 元，所以我赚了 10 元钱。

乙的想法却不一样：甲把他的画卖给我，得到 100 元，买回去又花了 80 元，显然赚了 20 元钱。第二次卖多少，我们可以不管，因为 90 元是那张画的价值。

丙把两种算法都颠倒了：甲头一次卖画得 100 元，买回去花 80 元，所以赚了 20 元。从他买画花 80 元、卖画给我要了 90 元来看，他又赚了 10 元钱。所以，他总共赚了 30 元钱。

算一算，甲到底赚了多少钱？ 10 元、20 元、还是 30 元？

能否赢过乌龟　340

阿桑和乌龟托特比赛跑步，即使自己起跑时让托特一段距离，他也可以赢得比赛。于是在比赛开始时，阿桑站在了 A 点，而乌龟托特则站在了远远领先于 A 点的 B 点。请问，这样的情况下，到底会是谁赢得比赛呢？千万不要冲口而出是阿桑，别忘了 1+1 有时并不等于 2。

341　开着还是关着

有一盏灯，它用按钮来开关。现在请你试着这样做：把灯拧开 1 分钟，然后关掉，半分钟后再拧开 1/4 分钟。如此往复，末了恰好是 2 分钟。那么，在这一过程结束后，你能否判断一下这时的灯是开着的还是关着的呢？

342 有多少只白鼠

某人在一个非常大的笼子里养了一雄一雌两只白鼠。如果每个月每对白鼠能且只能生出一对一雄一雌的小白鼠，并且一对白鼠存活一个月后就有生育能力了，那么在一年后笼子里总共有多少对白鼠？假设一年内白鼠都存活。

什么时候戒烟成功 343

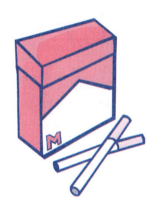

鲍勃终于意识到吸烟的危害了，于是他决定抽完口袋里剩下的 27 支烟后，马上戒烟。每次抽烟鲍勃都会习惯性地只抽三分之二，他还习惯性地把上次抽剩下的烟蒂卷成新的烟卷，用作下次抽。如果鲍勃每天只抽一次烟，那么在他最终戒掉这个坏习惯前，要过多少天呢？

344 有多少件礼物

玛丽接到了 50~60 件生日礼物。现在她正在数到底有多少件礼物。她发现，如果每次数 3 件，结果会余下 2 件。如果每次数 5 件，则会余下 4 件。你知道共有多少件礼物吗？

混合液中有多少蜂蜜 345

桌子上有两个瓶子 A 和 B，B 的大小是 A 的两倍。A 瓶中装了一半蜂蜜，B 瓶中装了四分之一的蜂蜜。分别把水注满两瓶，然后把它们完全倒入 C 瓶。你知道 C 瓶里的混合液有多少蜂蜜吗？

346 生日聚会

在小强的生日聚会上，当小强宣布他的生日 Party 开始之后，参加聚会的人们便开始相互握手。据统计，这次宴会上所有的人，总共握了 45 次。

问：有多少人参加了这次聚会？

赛跑比赛 347

甲、乙两人一起赛跑。甲到达 100 米终点线时，乙才跑到 90 米的地方。现在假如让甲的起跑线退后 10 米，再让两人同时进行比赛。

问：甲、乙两人能否同时到达终点呢？

348 薪金高低

甲和乙两家公司都要招聘员工，他们的招聘广告只有以下两点不同，其他的条件相同。单从薪金的高低来考虑，选择哪一家公司更好？为什么？

【甲公司】年薪 10 万元，每年提薪一次加 2 万元。

【乙公司】半年薪 5 万元，每半年提薪一次加 5 千元。

跳绳比赛 349

A、B、C、D 四个小组进行了一次跳绳比赛。比赛的结果是：当 A、B 两组为一方，C、D 两组为另一方时，双方势均力敌，不相上下。但当 A 组与 C 组对调后，A、D 一方就轻而易举地战胜了 B、C 一方。

然而，当 B 组和 A 组、C 组单独较量的时候，结果都胜了。

问：这四个组中，哪组实力最强？请把它们实力的强弱按顺序排下来。

鲜花的价格 350

"我买鲜花时，付给鲜花店老板 12 元，"一位妻子对丈夫说道，"但是由于嫌它们不是很新鲜，我又叫老板无偿地添加了 2 支花给我。这样一来，每束（12 支）鲜花的价格就比当初的要价降低了 1 元。"

这个妻子买了多少支花？

351 分开吃肉的游戏

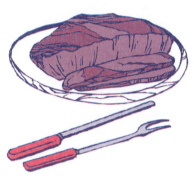

史密斯夫妇在做一个有趣的游戏：史密斯不能再吃猪肉，他妻子不能再吃牛肉。

他们两人在一起生活，可以用 60 天吃光一桶猪肉。如果让史密斯单独吃，那么他要用 30 个星期才能完成任务。

两人在一起时，可用 8 个星期消耗掉一桶牛肉，但若史密斯夫人一人单独吃，那么，少于 40 个星期是吃不光的。

假定史密斯在有牛肉供应时只吃牛肉，而他妻子在有猪肉供应时只吃猪肉。试问：他们夫妻两人一起吃，把一桶一半是牛肉、一半是猪肉的混合肉统统吃光，究竟要花费多少时间？

352

枯燥的演讲

有一位讲师在做演讲，由于她讲的内容枯燥无味，所以开讲 15 分钟后，已有一半听众悄悄溜走；接下来的 15 分钟，又有余下三分之一的听众悄悄溜走；再 15 分钟后，剩下的听众中又有四分之一离开，最后，只剩下 9 位听众听完了演讲。请问：原先一共有多少人在听演讲？

露西小姐的年龄

农场主杰克和他太太每隔一年半就生一个孩子，他们一共生了 15 个孩子。

大女儿露西说，她的年龄是这群孩子中最小的弟弟麦迪的 8 倍。试求露西小姐的年龄。

分野果

三个小女孩一共采集到 770 颗野果，她们打算如往常那样，根据她们年龄的大小按比例进行分配。以往，当莉莉拿 4 颗野果时，妮妮拿 3 颗；而每当莉莉得到 6 颗时，苏珊可以拿 7 颗。

试问：每个女孩可以分到多少颗野果？

三个乞丐

一个很善良的妇人，在回家的路上遇到了三个乞丐。当她遇见第一个乞丐时，她把钱袋里的一半钱再加上 1 元给了他；遇上第二个乞丐时，她把剩下钱的一半再另外加上 2 元给了他；当碰到第三个乞丐时，她把剩下钱的一半外加 3 元给了他。这样一来，她现在身边只剩下 1 元了。

试问：开始时，她口袋里有多少钱？

爬楼梯

有两个人爬楼梯，他们两个同时从一层一起往第十八层跑，其中一个名叫光的人的速度是另一个名叫晖的人的速度的两倍，请问当晖跑到第五层的时候，光跑到第几层啦？

357 过 桥

一个漆黑的夜晚，有四个人走到一座独木桥边。如果没有手电筒照明，大家是不敢过桥的，但是，这四个人一共只有一支手电筒，而桥最多只够两个人同时通过。如果独自过桥的话，四个人所需要的时间分别是 3 分钟、4 分钟、6 分钟和 9 分钟。而如果两人同时过桥，所需要的时间就是走得比较慢的那个人单独行走时所需要的时间。请设计一个方案，让四个人以最短的时间过桥。

358 开始的时候有多少

贝克与汤姆玩打弹子的游戏。游戏开始时，他们都有着同样数目的弹子。贝克在第一轮中赢到了 20 粒弹子，但后来却败下了阵，输掉了手中弹子的三分之二，结果使汤姆所拥有的弹子数是贝克的四倍。

试问：开始玩游戏时，每个孩子手上有多少弹子？

隐藏在儿歌里的谜题 359

好吃的肉松大面包，
又热又香又甜，
一个铜板买一块，
一个铜板买二块，
女儿们不爱吃，
那就买来哄儿子！
一个铜板买二块，
一个铜板买三块，
我的女儿和儿子一样多，
给他们七个铜板买来吃。

读左面的儿歌，回答下面的问题：

假定每个孩子拿到的面包种类与数量都一样，算一算每个孩子买了多少块面包？

很清楚，共有三种大小的面包：一种一个铜板买一块，另一种一个铜板买两块，还有一种一个铜板买三块。男、女孩子一样多，一共给了他们七个铜板。

360 有几只猫

房间的四角各有 1 只猫，每只猫的对面各有 3 只猫，每只猫的后面又各有 1 只猫。请问：这个房间一共有多少只猫？

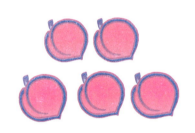

分桃子 361

桌子上有 5 个桃子，要把它们分给 5 个小朋友，使每人得到 1 个，同时桌子上必须还要留 1 个，该怎么办？

362 愚蠢的厂长

目前新上市三种机器设备：一种机器设备可以节省 20% 燃料；一种机器设备可以节省 30% 燃料；一种机器设备可以节省 50% 燃料。有位厂长知道此事后，就想：如果我三种机器设备都使用的话，加起来就可以节省 100% 的燃料了。

怎样告诉这位愚蠢的厂长这是根本不可能的？

半个苹果 363

豆豆把苹果总数的一半加半个放在屋子的东面，把剩下的一半加半个放在屋子的西面，另一个被藏在冰箱里，不过苹果的总数少于 9 个，请问豆豆一共有多少个苹果？注意：苹果不能切成半个。

364　藏在盒子里的玉壶

　　黑猫警长接到密报，在城郊一幢破烂的房子里有之前遗失的 10 只古董玉壶。黑猫满怀信心地走进那幢房子，但出现在他面前的是满满一墙从 1 到 10000 编上数字的骨灰盒。很明显这 10000 个骨灰盒里藏有 10 只玉壶，该从何处下手呢？

　　黑猫警长用职业的眼光一眼就看出来在门后面写着一个式子，***+396=824。看来这是犯罪分子怕自己忘记留下的证据，当他打开 428 号骨灰盒时，出现了一只中世纪的玉壶。根据这个线索，黑猫警长很快就找到了这 10 只玉壶。你知道黑猫警长是怎么找到玉壶的吗？顺便把另外 9 个藏有玉壶的骨灰盒找到。

365　凶案发生时间

　　一天夜里，邻居听到一声惨烈的尖叫声。早上醒来发现原来昨晚的尖叫是受害者的最后叫声。负责调查的警察向邻居们了解案件发生的确切时间。一位邻居说是 12 点零 8 分，另一位老大爷说是 11 点 40 分，对面小卖店的老板说他清楚地记得是 12 点 15 分，还有一位小姐说是 11 点 53 分。但这四个人的表都不准确，在这些手表里，一个慢 12 分钟，一个快 3 分钟，还有一个快 10 分钟，最后一个慢 25 分钟。聪明的你能帮警察确定作案时间吗？

多少条鱼　366

　　厨房负责采购的师傅昨天一共花了 3600 元买来一些鱼。根据账目记载，青鱼 130 元一条，刀鱼 104 元一条，鳜鱼 78 元一条，鲤鱼 170 元一条。除了被猫咪吃掉的一条鲤鱼以外，没有其他的损失。问：鲤鱼有多少条？

367 1 元钱去哪了

一位老伯伯靠卖蛋营生。他每天卖鸡蛋、鸭蛋各 30 个，其中鸡蛋每 3 个卖 1 元钱，鸭蛋每 2 个卖 1 元钱，这样一天可以卖得 25 元钱。忽然有一天，有一位路人告诉他把鸡蛋和鸭蛋混在一起每 5 个卖 2 元，可以卖得快一些。第二天，老伯伯就尝试着这样做，结果却只得到了 24 元。老伯伯很纳闷，鸡蛋没少怎么钱少了 1 元？这 1 元钱去哪里了呢？

两个小孩 368

两个小孩相对坐在教室里研究同一个问题，他们为了其中的一道题目争得面红耳赤，其中一个说："这个等式是正确的。""不，这完全是错误的。"另一个说。

请问：他们看的是一个什么式子呢？

369 半 价

有一位老婆婆到一家新开张的布店里要买两匹布，她精心挑了两匹布后问多少钱，店铺的伙计说："老婆婆真是好眼光，今天是本店的开张吉日，今天只收半价。"老婆婆一听就说："既然是半价，那我买你两匹布，再把一匹布折合成一半的价钱还给你。这样咱们就两清了。"

问：伙计能否答应这种方式的交易呢？

多少个孩子 370

某国颁布一条新的法律：所有母亲生第一胎的孩子，1/3 是男孩，1/3 是女孩，另外的 1/3 是双胞胎。如果有 1/3 的母亲生了双胞胎的话，那这些母亲就不允许再生育了。其余 2/3 的母亲生第二胎的概率也是一样的，但是生了双胞胎的母亲就不允许再生育了……依此类推，不管家庭成员的数目有多大，但所有的孩子的性别永远都是 1:1:1。假设这条法律维持 500 年，而所有母亲的寿命都足够长，也足够健康，一直生孩子，直到生出双胞胎孩子而被禁止。

请问：在这 500 年中，每位母亲平均生多少个孩子呢？

371 称重量

某制药厂最近新生产出一批感冒药，每 100 粒装在一个瓶子里，6 个瓶子为一箱。在推向市场之前，制药厂必须把这些药丸送到药物质检局检验。一天，制药厂接到紧急通知：这一箱药丸里，有几个瓶子里的每一粒都超重 1 毫克。

如果每一瓶都取出一粒药丸来称量，那么需要称量 6 次才能得出结果。能不能想出一个最好的办法称一次就能把问题解决呢？

国际公寓的机器人 372

某国际公寓里，住着共有 80 只绿眼睛的机器人，紫眼睛机器人的人数是绿眼睛人数的一半。如果把绿眼睛机器人和紫眼睛机器人的数目加起来，再加上所有黄眼睛机器人的数目，一共是 81。黄眼睛的人数多于 3，但绝对不超过 12。请问：国际公寓里住着多少个黄眼睛的机器人？

373 巧填数字

下面这个算式中有 9 个方框，现在要把 1~9 的数字分别填入这 9 个方框，使等式成立。你能做到吗？

$$\square\square\square \times \square\square = \square\square \times \square\square = 5568$$

374 找规律，填数字

如右图所示，你知道表格中的问号应填入什么数字吗？

A	B	C	D	E
6	2	0	4	6
7	2	1	6	8
5	4	2	3	7
8	2	?	7	?

375 猜数字谜语

下面是一个数字哑谜。目前只知道 B 比 C 的两倍小，而且都不等于 0，那么 A、B 和 C 的数值分别是多少？

$$\begin{array}{r} A\ B\ C \\ +\ A\ A\ B \\ \hline B\ A\ A \end{array}$$

376 巧填算式

请你在下面的三道算式里分别填上合适的运算符号，使等式成立。

（1）5 6 7 1 2 3 4=51

（2）6 7 1 2 3 4 5=51

（3）2 3 4 5 6 7 1=51

填数字 377

将下图中的空白填准确，使得每行、每列和对角线上的数字相加都等于 27。

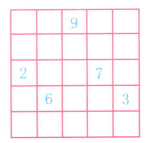

378　有趣的平方

已知：
1×1=1
11×11=121
111×111=12321
1111×1111=1234321

请问：
11111×11111=？
111111×111111=？
1111111×1111111=？
11111111×11111111=？
111111111×111111111=？

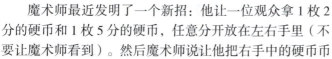

$$1 + 2 + 7 + 9 = 18$$
$$3 + 4 + 5 + 8 = 18$$

移卡片　379

如下图所示。请你移动两张卡片，使两个式子之和相等。

380　魔术师的新招

魔术师最近发明了一个新招：他让一位观众拿1枚2分的硬币和1枚5分的硬币，任意分开放在左右手里（不要让魔术师看到）。然后魔术师说让他把右手中的硬币币值乘3，左手硬币的币值乘2，把它们两个的积加起来的和告诉魔术师。如果得到的和是偶数，那么右手拿的就是2分的硬币；如果是奇数，那么左手拿的就是2分的硬币。你猜魔术师为什么这么肯定？

慢了的老挂钟　381

墙上的这口挂钟有年头了。可是由于主人喜欢，还没有被废弃。这口挂钟每小时慢4分钟，四个半小时之前主人刚给这口挂钟对过时。现在电视里显示的标准时间是10点钟。请问这口挂钟要走多少分钟才能到达10点？

382 买铅笔

班长王华代全班同学一共买了 50 支铅笔：15 支普通铅笔，每支 0.24 元；7 支彩色铅笔，每支 0.28 元；12 支两用铅笔和 16 支自动铅笔。收银员打了一张 9.10 元的电脑小票给他。两用铅笔和自动铅笔的价格班长已经记不清楚了，但他却马上发现小票上的价格弄错了。

于是，收银员重新核对了一下，发现的确是打错了。

请问：班长王华是怎么发现的？

门牌号码 383

晶晶家住的武汉大街上，只有一侧建有房屋。每户人家的门牌号码都是按 1 号、2 号……这样编排下去的，其中没有跳号，也没有重号。除了晶晶家外，其余每家的门牌号码数加起来正好等于 10000。

请问：晶晶家的门牌是几号？这条武汉大街共有多少个门牌号码？

跳跃比赛 384

动物王国举行跳跃比赛，距离是 100 尺远。熊猫队长一声令下，羚羊和麋鹿同时从起点起跳，抵达终点后再立即回跳，看谁能先跳回来。比赛开始后，羚羊每分钟跳 3 次，每次跳 2 尺远；麋鹿每分钟跳 2 次，每次跳 3 尺远。羚羊和麋鹿每分钟都能跳 6 尺，速度相等，应该同时回到原处，但结果却是麋鹿输了。请问为什么？

385 装 水

苏菲亚是一个旅行爱好者，她要进行一次沙漠旅行，因此她首先是要把现有的水分配好：

她现在有 1 只大桶装着 12 升水，要分出一半留作他用。不过她只有 9 升和 5 升的两只空桶，请问苏菲亚要怎样操作才能将水分出来呢？

梯形数塔

这是考古学家在埃及金字塔内的壁刻上发现的一个有趣的梯形数塔，其中"？"处所乘的数字相同，而且各行的待加数字也是有一定变化规律的，试着把它填好吧。

$9 \times ?+?=88$

$98 \times ?+?=888$

$987 \times ?+?=8888$

$9876 \times ?+?=88888$

$98765 \times ?+?=888888$

$987654 \times ?+?=8888888$

$9876543 \times ?+?=88888888$

$98765432 \times ?+?=888888888$

 7 等于几

假设：1=7 ，2=47，3=247，4=327，5=367，6=457，那么请问 7= ？

 添一笔

下面的式子是一个不成立的等式，只能在式子中添一笔，使等式成立。

$$5 + 5 + 5 = 550$$

 **三个 6**

你有办法让三个 6 得到一个 7 吗？

$$6 \quad 6 \quad 6 = 7$$

390 六个 9

你用什么方式，把六个 9 用来表示 100 ？

$$9\ 9\ 9\ 9\ 9\ 9 = 100$$

神奇的数字"4"

数字"4"是很有魔力的，因为仅用数字 4 就可以表示从 0 到 10。当然你可以用任何基本数字运算，而且你可以用任意多的 4。来试试吧，看看你能用最简单的方式表示出来吗？

392 观察数列

观察右面的数列，找到它背后的规律，然后把问号处的数字填出来。

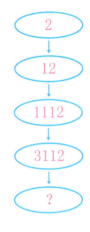

393 怎样使等式成立

下面的数字是一个等式中的一部分，该等式中的连接符号都被擦去了，你能否使等式重新成立？

$$1\ 2\ 3\ 4\ 5\ 6\ 7\ 8\ 9 = 100$$

几岁了

佳佳自从出生后，每年的生日妈妈都会给她买一个生日蛋糕，上面插着等于她年龄的蜡烛。到现在为止，佳佳已经吹灭了210根蜡烛了。那么，她几岁了呢？

有几只猫

传说猫有9条命，一只猫妈妈已经度过了她9条命中的7条。她的孩子中，一些已经度过了6条，另一些则度过了4条。

猫妈妈和她的小猫们总共还剩下25条命。现在，你来说一下，一共有几只小猫？

填数字

推算出问号处应该填什么数字？

2	1	3	4
3	2	0	5
1	2	7	0
4	5	0	?

篮球淘汰

47支球队参加了一次淘汰制篮球锦标赛。请问：有多少场比赛必须安排？

黄色的花和白色的花 398

一个花园里正好有 100 朵花，有黄色的也有白色的。而且你无论摘下哪两朵花，至少有一朵是黄色的。你能否说出有几朵白色的花？

399 会议室里的人

在一个会议室里，有几把 3 条腿的凳子和 4 条腿的椅子，并且它们都有人坐。如果你数出房间里 39 条腿，那么是否有可能算出有几把凳子、几把椅子和几个人？

400 赌 命

有 5 个囚犯，分别按 1~5 号在装有 100 颗小玻璃球的箱子里抓球，规定每人至少抓一颗，而抓得最多的人和最少的人将被处死，而且他们之间不能沟通，但在抓的时候可以摸出剩下的小玻璃球数。请问他们当中谁的存活概率最大？

提示：

（1）他们的原则是先求保命，再去杀人。

（2）100 颗小玻璃球不必都分完。

（3）若有重复的情况，则也算最大或最小，一并处死。

（4）这 5 个人都是很聪明的人。

401 惊人的数字

假设有 1 分的硬币一共 1 亿枚，让你一个人把它全部数完，至少需要多长时间？

卖衣服 402

一个人买了两件衣服又不想要了，他决定卖出，每件都卖 600 元。其中一件多卖了 20%，另一件少卖了 20%，那么，他是赚了还是赔了？

 **403 什么鸟**

远处飞来一群鸟，仔细一看：1 只前 4 只后；1 只后 4 只前；1 只左 4 只右，1 只右 4 只左；1 只在两只中间，3 只排成 1 行，共排了两行。你想想，这群鸟是什么鸟？有多少只？排成了什么队形？

 **404 6 人吃桃子**

6 个人用 6 分钟吃了 6 个苹果，那么 100 个人吃 100 个桃子用多少分钟？

鸭子下蛋 405

养殖场里，平均 1.5 只母鸭一天生 1.5 个蛋。那么，一只母鸭六天生多少个蛋呢？

406 看谁思维快

有数字 666，不许借助任何算式，马上让它增加 0.5 倍，快、快、快！

书还有多少页 407

豆豆有个坏习惯，总爱把书中喜欢的文字或者彩页剪下来。有一本 180 页的书，从 60 页到 95 页都被他剪下来了，这本书还剩多少页？

潮起潮落 408

艾伦的老家在海边，他第一次回老家，充满了好奇，尤其是对潮起潮落，简直就是着了迷。他想了一个主意，在渔船的船边上放下一条绳梯，绳梯共有 14 级，每级相隔 20 厘米，放下时，正好最后一级接触到水面。涨潮了，艾伦赶紧跑去看绳梯，如果水每小时上升 14 厘米，3 小时后水能没过几级绳梯呢？

409 船主的年龄

你有一只船，船上有 3 个领航员，19 个水手，440 个乘客，其中 60 岁以上的有 5 人，10 岁以下的有 7 人，20~30 岁的 188 人。请你在 8 秒钟内回答出船主的年龄是多少？

410 打了几只野兔

一个猎人出去打猎，很晚才回家。他的孩子问他："爸爸，你今天打了几只野兔？"猎人说："打了 6 只没头的，8 只半个的，9 只没有尾巴的。"他的孩子很快就想出了爸爸打了几只野兔。那么，你知道是几只野兔吗？

想一想 411

20 世纪里有这样一年，年份写在纸上倒过来看仍是这年。想一想，这是哪一年？

一家人 412

一个爸、一个妈、一个哥、一个妹、一个侄子、一个外甥女、一个舅、一个姑妈、一个女儿、一个儿子、一个表兄、一个表妹，这一家最少有几个人？

413 数字卡片

右面有三张数字卡片，随你任意移动位置，要求摆出一个能被 43 整除的三位数。

青蛙几次跳出井底 414

有一口井，深 5 米，井底有只青蛙，它总想跳到井外去，但是它每次只能跳 1/5 米。请问：青蛙几次能跳到井外？

415 吃掉几只羊

一天早上，牧羊人发现少了 5 只羊，第二天又少了 5 只。牧羊人很快从羊群中找出了一只披着羊皮的狼。请问：这只狡猾的狼吃掉了多少只羊？

416 是多少度的角

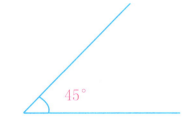

黑板上画着一个 45° 角，透过可以放大 10 倍的放大镜来看，这个角是多少度？

417 绑架阴谋

在一片空旷的平原上，4 个外星人各自驾着一架飞机，在一位正在赶路的商人周围盘旋，企图绑架这个商人。每个外星人都随机地向此人左面或右面射出一道激光束。如果 4 道激光束能把此人圈在一个长方形里，就能抓到他，请问外星人抓到此人的概率是多少？

418 乘 积

有人在黑板上写了一串括号：

（y–a）（y–b）（y–c）（y–d）……（y–y）

如果按常规将两个括号之间理解为一个乘号，你能说出这个乘式的结果来吗？

419 概率是多少

一个口袋里装有编号为 1~8 的 8 个球。现在将 8 个球随机地先后摸出，从右到左排成一个 8 位数，比如 87432156，它能被 9 整除的概率是多少？

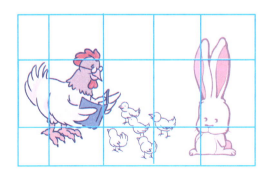

古老的算题 420

这是一个古老的算题：
鸡兔同笼不知数，
头数相同先告诉，
又知脚共九十只，
请问多少鸡与兔？

421　鬼子和狗

一队鬼子一队狗，
二队拼作一队走，
数个一共三百六，
数脚一共八百九，
请问多少鬼子多少狗？

妈妈的话 422

妈妈告诉乐乐，如果把 1 毫米厚的纸连续对折 30 次后，其厚度就会远远超过珠穆朗玛峰的高度。大家都知道，珠穆朗玛峰的高度是 8848 米。想一想，妈妈的话可信吗？为什么？

423　男生、女生

晚会开始了，班长李磊看了看会场说："哈，女生真不少，占晚会总人数的三分之一。"副班长王平也看了看说："哪有那么多，也就占四分之一。"他们都没有说错，那么男生多少？女生多少呢？

蚂蚁调兵 424

一只蚂蚁发现了一条死虫子，立刻回窝唤来 10 个伙伴，还是搬不动虫子。这些蚂蚁全部回窝又各招来 10 个伙伴，还是没有搬动。蚂蚁们又全部回家各自又搬来 10 个兵，还是没有搬动。蚂蚁们坚定不移，又各自回去搬兵，每只招来 10 个，终于把虫子拉回了家。请问：一共出动了多少蚂蚁？

425 解密码

小偷意外地偷到了一个保险箱，他猜想里面一定有很多钱，可是不知道密码，怎么打开呢？

他看着这个保险箱，密码锁上有 5 个铁圈，每个圈上有 24 个英文字母，只要把 5 个圈上的字母对得与密码相符就行了。他想，干脆自己一个一个对，肯定能把这个保险箱打开。请问：只靠小偷的这种方法，这个小偷至少要多长时间才能打开它呢？

426 所有无理数的和

老师给同学们出了一道题：所有无理数的和是多少？
有个同学很快就算出来了，你知道答案是多少吗？

兄妹俩上学 427

兄妹俩在同一所学校上学，每天上学，妹妹要走 30 分钟，哥哥只用 20 分钟，如果妹妹先走 5 分钟，过几分钟后哥哥能追上妹妹？

428 猜猜这个数

有一个有趣的三位数，这个数减去 7 能被 7 除尽，减去 8 能被 8 除尽，减去 9 能被 9 除尽。请问：这个三位数是几？

彩色手套 429

在抽屉里杂乱无章地放着 10 只红色的手套和 10 只绿色的手套。这 20 只手套除颜色不同外，其他都一样。现在要求你不准用眼睛看抽屉里的这些手套，想从抽屉中取出两只颜色相同的手套，最少要从抽屉中取出几只手套才能保证其中有两只配成颜色相同的一双？

430 放方糖

你能不能把 10 块方糖放入 3 个空杯，使得每个杯子中方糖的数目都是奇数？

431

有一个老人生于公元前 30 年 10 月 14 日，死于公元 30 年 10 月 14 日。请问：他活了多大岁数？

432 艰巨的任务

某通讯班接到紧急命令，让他们火速将一份重要文件送过平原雪地。现在已知通讯班成员只有靠步行穿过平原雪地，每个人步行穿过平原雪地的时间均为 12 天，而每个人最多只能带 8 天的食物。

请问：在假定每个人饭量大小相同，且所能带的食物都相同的情况下，通讯班能否完成任务？如果能完成任务，那么最少需要几个人才能将文件送过平原雪地，怎么送？

433 问号代表什么数字 (1)

1	2	3	4
5	?	15	20

434 问号代表什么数字 (2)

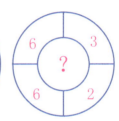

435 问号代表什么数字 (3)

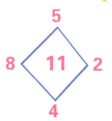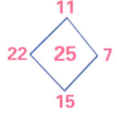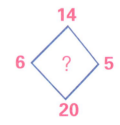

436 哪个数字与众不同？

7 63 56 21

28 14 11 49 35

有趣的难题

　　生活中看似简单的问题，当你没有亲自实践的时候，千万不要妄下结论哦。

　　如果认为铁比空气重，不可能在天上飞，就不可能发明飞机。

　　常识并非永远不能逆反，在不合逻辑的情境中找出合逻辑的答案，这就是思考有趣难题的核心。

　　用相同的技巧解决日常生活中其他的问题，你可能会得到许多意想不到的点子。

437 可望不可即的铅笔

来玩一个好玩的游戏吧！

两腿并拢，脚跟靠墙站着，在你脚前 30 厘米远的地上放一支铅笔，你试着脚不动腿不弯拾起这支铅笔。做不到吧，那你知道为什么吗？

不信，就跳一下 438

有一个游戏，会让你失去跳跃的能力，不信，就试试看吧：背靠墙，脚跟、肩膀也都贴着墙，身体不向前倾，跳一下试试！怎么样，知道为什么吗？

439 右脚怎么了

身体左侧靠墙，左腿和左脸贴着墙，腿不能弯曲，把你的右脚抬起来。

怎么样，又做不到了？

帮助妈妈赢爸爸 440

请爸爸、妈妈一起来做这个游戏，这个游戏可以让妈妈十拿九稳地赢！

让爸爸妈妈用脚量出距墙四脚长的距离，站定，然后你靠墙放一把小椅子。然后让爸爸、妈妈先弯下腰，头顶贴墙，谁先把小椅子举起来，谁就赢。这个游戏，结果为什么是妈妈赢了呢？

能向后却无法向前

当你双手抓住脚趾、膝盖稍稍弯曲的时候，你无法向前跳跃半步，但可以向后跳跃。试试看，这是怎么回事呢？

屁股被椅子黏上了

这个游戏会让你怀疑自己的屁股被椅子黏上了，具体的操作步骤是这样的：取一把不带扶手的直背椅，身体坐直，背靠椅背，双脚平放在地上，两臂交叉放在胸前。保持这种姿势，从椅子上站立起来。怎么样，还是做不到吧？

踮不起脚

面对敞开的一扇门的门边，鼻子和腹部贴着门边，双脚各放在门的两边，我敢保证，你肯定踮不起脚来。想想这是为什么？

以弱胜强

这个游戏可以让你赢过比你力气大的对手，不信就请一个比你力气大、比你壮的伙伴试试：

让你的伙伴把两臂向前伸直，双手握拳，一个拳头放在另一个上面。你要做的就是把两个叠在一起的拳头分开，如果你分不开，你的伙伴就赢了。但结果就是，即使比你力气大很多的伙伴也是无法赢你的。这是怎么回事呢？

以一胜三  445

这个游戏可以让一个人赢过三个人：

找一根竹竿，再把一本书放在地上，三人握住竹竿，把竹竿竖着举起，一端对准书，保持 45 厘米的距离。另一个人趴在地上，手掌对着竹竿的侧下方。手握竹竿的三人一起捣地上的书。趴在地上的人只要轻轻一推，就让三个人无法用竹竿捣到书。知道是怎么回事吗？

446 一次撕不开的纸片

把一张纸折成五等分，打开后沿折缝剪开或撕开，但不要完全剪断，留出几厘米的地方连在一起。双手各拿住这张纸的上方相连处的一端，你肯定不能把这张纸一次撕成五片！不信你就试试看。

撕纸片游戏 447

取一张纸巾，如果从左到右先撕出一个成直线的口子，你能再从上到下撕出一个与刚才的直线垂直的另一个口子吗？

448 不会爆炸的气球

通常情况下，吹足气的气球用针一扎就会爆炸的。但是，如果你把一块透明胶带贴在吹足气的气球上，用针再扎气球的时候，气球就不会爆炸了。试试看！这到底是怎么回事呢？

第六部分

探索思维游戏

　　扑朔迷离的探索思维游戏，需要用智慧的双眼去发现、去探索、去破解。在探索的过程中，你可以显著提升自己细腻的观察力、惊人的推理力、迅捷的反应力，与此同时更可获取丰富的知识，锻炼积极的探索能力。还等什么？赶紧来开发你的脑细胞，加入顶级推理大师的行列吧。

449 小偷和警卫

号称日本最完美的钻石"天皇之星"在东京市博物馆展出，为保证钻石的安全，博物馆在本来就戒备森严的展览厅里又新增红外线监控系统，只要有人在非开放时间进入展厅，红外线就会立刻感觉到他的移动。

但还是有一名专业的小偷趁深夜警卫们瞌睡的时候，绕过红外线把钻石偷到了手。就在小偷要把钻石带离展馆时，听到警铃的警卫们冲上来把小偷围住了。警卫们把小偷身上携带的工具做了一个大收缴，甚至钥匙都拿去了。但就在这时，小偷忽然一猫腰钻进了展柜，举起用来托钻石的花岗岩底座，把钻石放在下面，大声叫道："不要逼我，否则我砸碎钻石！"

警卫们顿时面如土色，他们没想到事情会发展成这个样子。经过短暂讨论后，一个警卫按下了遥控开关，展柜迅速关上。小偷被锁在了里面……

第二天，当警察走进大厅准备逮捕小偷的时候，他们惊讶地发现小偷竟然划开玻璃，带着钻石逃走了！但是小偷所有的工具都被收缴了，他是怎么跑出去的呢？

450 会说话的太阳帽

新加坡风景秀丽，尤以美丽的海滩著称，每年吸引了大批游客。

这天，警署忽然接到报告，说一名美国女游客失踪了。警长胡松马上赶到出事的饭店。据同团的旅游者回忆，她昨晚说要去买一顶太阳帽，然后就出去了，当时大概 10 点。

没有别的线索，胡松决定到附近的商店里询问店主，是否见过曾有一位年老的美国妇女买过太阳帽。在一家偏僻的商店，店主这样回答："有一个。她买了一顶黑猫太阳帽，就是那一种。"他把墙上挂着的样品指给胡松看。

"是那个大眼睛的吗？"胡松问。

"对，就是那一种。"

胡松掏出证件说："我是警察。要搜查你的商店，请你不要妨碍公务。"

胡松最后在库房里发现了被害人的尸体。那么，他是根据什么作出判断的呢？

451　聪明的特工

S国情报部门派出列托夫去谋杀特工凯乐，经过跟踪，列托夫搬到了凯乐住的酒店，在凯乐房间的对面住了下来，他决定晚上动手。

列托夫在自己的手枪上装好消音器，傍晚时分，他用万能钥匙打开了凯乐的房门，进了房间。离凯乐回来还有一个小时的时间，他打开床头灯，搜索了一下。然后列托夫就把灯关了，静静地等着凯乐回来。

15分钟后，外面传来了凯乐开门的声音。进门时，凯乐稍微迟疑了一下，接着，列托夫就看到一个黑影扑进了卧室，他立刻开枪，准确地击中了那个黑影。

正当列托夫以为大功告成的时候，忽然，他又听到一声枪响，然后一阵剧痛让他倒在地上。凯乐打开灯走了过来，微笑地说道："对不起，刚才进来的是我的衣服。你很不走运，如果不开灯的话，现在倒下的人就是我了。"

聪明的读者，你知道凯乐是怎么知道有人来过的吗？

偷古钱的凶手　452

大财主格罗德邀请了一个钱币收藏家巴赛德来做客，顺便欣赏对方带来的几枚日本古钱。当晚，两人在书房相谈甚欢，但是不久巴赛德就发现自己带来的日本古钱丢了3枚，这3枚钱币规格一样，都是直径3厘米，厚2毫米。

书房里只有他们两个人，巴赛德觉得钱肯定是格罗德偷的。但是格罗德当场脱光了衣服来证明自己的清白，巴赛德检查后，也确实没有找到古钱。

巴赛德仔细回想，当时自己正在用放大镜一个一个地欣赏着格罗德的收藏品，一点儿没有察觉。不过，那期间格罗德一步也未离开自己的书房，更没开过窗户，只是在鸟笼前喂自己的猫头鹰吃肉。所以，偷去的古钱不会藏到外面去。

巴赛德总觉得猫头鹰可疑，一定是它吞了古钱。但是，格罗德声称自己的猫头鹰肯定不会偷古钱。巴赛德想了一夜，第二天一早，他就和格罗德说希望把猫头鹰剖腹查看。当然，昨晚为了防止猫头鹰被调包，巴赛德悄悄地在猫头鹰身上剪短了几根羽毛。没想到，格罗德倒是一反常态，答应了要求。可是，剖腹查看的结果是古钱也不在猫头鹰身体里。

那究竟是谁偷了古钱？又把古钱藏在了哪里呢？

453 露馅的英雄救美

这天，波洛到公园散步。他正走着，忽然看见前面有两个年轻人正在扭打，其中的一个被对手在右胸打了一拳。波洛走过去，拉开了两人。这时，旁边走过来一位姑娘关切地问那个挨了一拳的年轻人伤着没有。被打了一拳的小伙子连说没事，并从衣服的右胸口袋里掏出一副眼镜戴上。

经过询问后，才搞清楚戴眼镜的年轻人在追求那个姑娘，今天两个人正约会，不想闯出一个人来调戏姑娘，年轻人便和他打了起来。

波洛见那人身强力壮，"眼镜"明显不是他的对手。

待那人离去，波洛把"眼镜"叫了过来。低声对他说："这种'英雄救美人'的把戏可不能用了，万一被姑娘发现可就弄巧成拙啦。""眼镜"的脸刷的一下红了。

那么，波洛是怎么看出来的呢？

特工和方向 454

特工杰米惬意地泡在夏威夷某著名酒店的浴缸里，正边洗边思考问题。洗完后，他拔掉浴缸里的橡木塞，看到带着蒸汽的水由左向右打着旋涡缓缓下降。

"真有意思！"杰米笑着说。他穿上大衣、戴上便帽准备出门，这时门外传来了敲门声。紧接着，一个高大威猛的手持长柄猎枪的男人和两个黑衣人闯了进来，由于没有防范，杰米很快被制服了，毫无疑问，他被绑架了。接着，杰米感觉自己被车载到了海边，被送上了一艘轮船。然后经过几天的长途跋涉，杰米被关进了一个门窗密闭的房间里。

有机会安静下来后，杰米开始分析自己被绑架的过程。他可以肯定绑架自己的人只可能来自加拿大或者新西兰，但是究竟现在自己身在哪里呢？如果确定了方位，那无疑对出逃非常有利。观察一番后，杰米发现了房间内有一个老旧的浴室。他下意识地把水龙头打开，然后看到水流开始以从右向左的逆时针方向的旋涡缓慢下降。突然，他眼前一亮，现在他已经知道自己在什么地方了。

聪明的读者，你知道杰米是如何判断出来的吗？

血疑

传媒大亨约翰的大儿子布鲁斯在高尔夫俱乐部的更衣室里被害。现场留下了一摊血迹。经过警方鉴定，布鲁斯衣服上留下的血迹中，不仅有他自己的 A 型血，还有另一种 AB 型血。这很可能就是凶手留下的，那么，凶手到底是谁呢？

警方在调查中发现，布鲁斯的弟弟库克斯正为争夺继任父亲公司总裁的位置和他闹得不可开交，而库克斯在案发的当天神秘失踪了，他的血型无法确定。

另外，布鲁斯的夫人安娜是 B 型血，因此虽然更衣室里发现了她的指纹，但可以排除她作案的可能。值得注意的是，安娜的哥哥弗吉在案发第二天也消失了，所以他的血型也无法确定下来。同时，经过法医鉴定，约翰是 O 型血，而他的夫人是 AB 型血。

那么，请问：现在你能够凭借自己的知识，判断出谁是凶手吗？

同伙的谋杀

杰克和米勒欠下了巨额债务。他们决定抢劫保险公司每天下午 5 点准时开出的运钞车，然后带着钱远走高飞。

当日，他俩一起做好准备，按照计划顺利地抢到了钱，然后跳上了早就准备好的摩托车逃走。但路过的巡警恰好目击了此事，他们立刻开着车追赶杰克和米勒。经过一段时间后，杰克和米勒跑到了一个乡村的农田里。他们发现了一座空无一人

的农舍，农舍外有口很深的古井，杰克忽然想到了一个办法。他让米勒用防水袋套住钱躲到了水井里，然后扔给米勒一根长 3 米、口径不足 2 厘米的管子供他呼吸，自己到田地里躲藏起来。

但警察利用警犬还是很快找到了他们，只是米勒已经溺死在了井里。探长询问了米勒躲到井下的前后经过，对杰克说道："你真是心狠手辣啊，为了独吞钱财而杀了他！现在，除了抢劫，你又添了一项故意杀人的罪名！"

聪明的读者，你们知道探长为什么这么说吗？米勒好好地待在井底，为什么说是杰克杀了他呢？

457 三岔口

刑警小王追踪一名刺杀他人后骑自行车逃走的歹徒。追踪到一个三岔路口时，歹徒的逃跑方向成为一个问题。因为这三岔路口有左右两条路。"到底罪犯是沿哪条路逃走的呢？"经过仔细观察，这两条路都曾施过工，地上到处是泥沙。小王看到面前的两条路都有微微向上的坡度，而这两条路上都有自行车的车轮痕迹。小王蹲下身详细地比较了两辆自行车的车轮痕迹：右侧道路的痕迹前轮和后轮大致相同，而左侧的道路，前轮的痕迹比后轮浅。"哦，我知道了。"经过判断，小王飞速地选择了其中一条路追了下去。你知道小王是从哪条路追去的吗？

指纹的秘密 458

侦探欧文接到一个新任务：获取一名与正在通缉的诈骗犯长得十分相像的女人的指纹，以确定她是否与某个黑社会集团有关联。据资料显示，凡是她接触过的东西都没有留下指纹，就连一些指纹鉴定专家们也产生了怀疑，但是在通缉犯的指纹档案中，又确实存有这名女诈骗犯的指纹。看来这是一个棘手的任务。

作为经验丰富的侦探，欧文很快得到了女人用过的一个玻璃杯。但是很可惜依然没有指纹。究竟为什么没有指纹呢？欧文百思不得其解。警局的底楼大厅里几个漂亮的小姐正在推销一种无色指甲油。欧文忽然想起了女人的手，顿时恍然大悟，匆匆向警局走去。

几天后，化名为汤姆的欧文一身服务生打扮出现在那个女人住的旅馆里。欧文帮助女人修理坏掉的喷头，然后从她手里接过了一张 10 美元的小费。随后，欧文迅速地将钞票交到了警察局。

经鉴定，钞票上果然留有那个女人的指纹，与资料上的指纹丝毫不差，警方立刻逮捕了那个女人。你知道欧文为什么一定要装扮成服务生才能取到指纹吗？

459 洗清冤屈的证据

森林公园里发生了一起惨案。一个雨夜，两名巡警被人袭击，他们的尸体在第二天才被发现，当时已经天晴了。大雨清除了凶手留下的所有证据，警方在现场只找到一个陷在泥土里的鞋印。

警方立刻搜查了整个森林公园，在一平方公里以内，只有吉恩一个人声称自己是被大雨困住了。警方马上把吉恩的鞋子和取得的鞋印石膏模型作对比，发现完全吻合。虽然这种款式的鞋子有很多人穿，但是大小完全相同、又同时出现在犯罪现场的可能性非常小。因此，吉恩被逮捕，法院判他死刑。但是大侦探波洛了解了案情后，却说："这些糊涂警察！难道他们没有一点常识吗？他们的关键证据——鞋印，恰恰能够证明吉恩是清白的！"

为什么鞋印能证明吉恩的清白呢，你知道吗？

460 妙拆高空炸弹

一架波音 767 大型客机遭到了恐怖分子的挟持，经过随机乘警的努力，恐怖分子被抓获了。但是他在飞机机翼上绑上了气压炸弹，只要飞机从 10000 米高空下降到海拔 2000 米以下，炸弹就会把飞机炸成碎片！

而在 10000 米高空，根本无法拆除炸弹，而飞机不可能永远不降落，汽油是会耗尽的。难道只能束手待毙吗？乘警忙将这个消息告诉了机长，机长思索了一会儿，果断地掉转了航向。

一个小时后，飞机呼啸着降落在机场，全体人员安然无恙。那个男子目瞪口呆，他实在想不通，灵敏的气压炸弹怎么会没有爆炸。聪明的读者，你能告诉他吗？

461 致命的微笑

玛莉是动物园的驯兽师，负责训练老虎等猛兽。这天，正是动物园举办表演的日子。最后一个节目开始了，玛莉要像往常一样把头伸到老虎嘴里去。在玛莉的指挥下，老虎顺从地张开了大口，然后玛莉弯腰把头伸到老虎嘴里，观众席上发出了潮水般的掌声。

但就在玛莉把头抽出来的一刹那，老虎嘴角上翘，做出了微笑一般的恐怖表情。接着，老虎将嘴一合拢，玛莉顿时倒在血泊之中！

观众们顿时惊呆了，老虎好像也受惊了，它吐出玛莉，不停地用舌头舔她的脸。其他驯兽师飞快地冲上去把玛莉救出来，但玛莉因为颈部血管破裂，失血过多，已经死了。

布莱尔侦探被请来调查这起恶性的老虎伤人事件，听完事情经过后，他问道："当天老虎喂饱了吗？老虎的情绪很差吗？"

动物园园长肯定地答道："老虎在表演前绝对喂饱了，情绪也非常好！何况就算饿着肚子或者心情很糟，它也不会袭击玛莉，他们之间有很深厚的感情。"

布莱尔继续问道："那么，还有什么其他特别的事情吗？"

"倒是有一件事情，"园长说，"不知道重要不重要。有观众告诉我，老虎在合上嘴以前，露出了微笑的表情。"

微笑？老虎为什么在合上嘴前笑一笑呢？忽然，他想到了什么，大声说道："我明白了，玛莉是被人害死的，这个凶手真是太聪明了！"

"是吗？"园长连忙问道，"那么凶手到底是谁呢？"

布莱尔胸有成竹地答道："很可能就是玛莉的发型师！"

聪明的读者，为什么布莱尔能根据老虎的微笑推测出凶手呢？

462 会动的证据

一年秋天，上海一家皮革厂的一批产品从上海发货，通过海路运到日本东京。当东京的客户打开包装的启封时，竟然发现崭新的衣服里面黑压压的蚂蚁成群，装衣服的盒子变成了蚂蚁窝！

日方老板大怒之下，把成箱的衣服用飞机运回了上海，向皮革厂提出强烈抗议，并要求经济赔偿。

一直以信誉取胜的这家皮革厂领导层惊呆了。他们迅速向中科院等部门求援，请专家调查这起"蚂蚁案"的来龙去脉。

中科院推荐了丁楷先生这位从事蚂蚁研究 50 年的专家。经过查看"样品"等系列工作，丁先生拿出的证据使厂家反败为胜。

请问：你知道他的证据是什么吗？

驼鸟血案 463

为庆祝建园 50 周年，动物园特地从非洲订购了一批珍稀动物，免费向公众巡展一星期。

这次从非洲运来的动物中，有驼鸟、大象、狮子等很多珍贵动物。所以每天赶来参观的人络绎不绝。但就在最后一天免费开放的日子，悲剧还是发生了：两只新运来的驼鸟被人残忍地剖开了肚子，杀死了。

警察在第一时间赶到了现场，经过仔细检查，在一个不起眼的地方发现了被锯断的铁栏，地上还找到了麻醉枪的弹壳。凶手显然早有准备。他锯断栏杆，用麻醉枪制服驼鸟，迅速作案并离开，没有留下任何指纹和有价值的线索。

凶手为什么要用这么凶残的手段来对付这两只驼鸟呢？一同赶来的华生说道："显然，凶手的目的并不是杀死驼鸟，因为他使用了很专业的麻醉枪，他的目的是剖开驼鸟的肚子！"

警察局局长有点糊涂了："可是他为什么要这么做呢？你的意思是，这是一桩悬案？"

华生笑笑说："不，凶手已经找到了，很可能就是运送动物的公司，这应该是一桩走私案。"

警察局局长更迷惑了。聪明的读者，你能为他解开心中的谜团吗？

464 自己作证

福尔摩斯和华生来到苏格兰的滑雪场附近的朋友家里过冬。这天，福尔摩斯和华生到屋外散步，当转过一片小树丛的时候，忽然从树丛后面跳出来一个全身上下湿漉漉的黑衣男人向福尔摩斯和华生求助，他激动地说自己的朋友落水了，自己跳下去

救了半天也没救上来，只好来求助。

福尔摩斯和华生二话不说，立刻和那个男人一起向湖边跑去。半小时以后，他们终于到达了发生事故的地方。这时，福尔摩斯注意到那个男人的衣服都快结冰了，他连忙把自己的大衣脱下来给他穿上。至于那人的朋友，由于大雪不止，破裂的冰层上已经结了一层薄冰，又经过了这么长时间，大家都明白失足落水的人已经没有生还的希望了。

"杰克，我来晚了！"那个男人扑倒在地，伤心地大哭起来。福尔摩斯拉住他说："算了吧，别再装了！你虽然精心策划，但还是留下了破绽。"

华生有些不解地问道："冰层破裂不像人工切割的样子，你怎么判断他的朋友是被害死的呢？"福尔摩斯微笑着说："不错，冰层的确是自然破裂的，但这并不能说明他的朋友是失足掉下去的。根据我的判断，很有可能是被他杀害以后，扔到水里面去的！"

你知道大侦探为什么能识破杀人犯
的诡计吗？他在哪里露出了马脚？

465 昆虫家之死

亚马孙河是世界第二大河流，经巴西流向东方的大海。在亚马孙河上游，有一片神秘的热带雨林。

这天，一个昆虫学家来到这里采集新的蝴蝶标本。在这片热带雨林里，他忍受不了酷暑的炎热，决定到亚马孙河支流的池塘里洗个澡。

他脱光了衣服跳进河里，正当他痛痛快快地游泳时，突然一声惨叫，全身瘫软，当即触电身亡。

然而，这里是尚未开发的处女地，既无发电机，也无输电线路。当时天空晴朗，万里无云，不可能是遭受雷击。

那么，此人是触了什么电死亡的呢？

鸡蛋的奥秘 466

19 世纪末，沙皇的军事专家们研制出一种新型武器，但武器的图纸却失窃了。这令当局非常恼火，要知道这关系到国家的安危。

虽然警察们都很努力，但是仍然找不到任何线索。没有办法，警察局局长只好请来了当时著名的大侦探帮助破案。

一天，探长来到检查站。当他看到一位老太太挎着一筐熟鸡蛋从检查站走过时，就转身问旁边的一位警察："这位老人经常带熟鸡蛋出去吗？"

"是的，我还吃过她的鸡蛋呢，她会有什么问题吗？"

"问题就在鸡蛋上。"探长让警察追回老太太。放在筐底层的鸡蛋被剥去壳后，大家发现蛋白上有清晰的字迹。

你知道那些字是用什么方法写上去的吗？

罪魁祸首 467

詹姆雷斯酷爱种植玫瑰，他专门盖了自动调节温度的玻璃房，让玫瑰在最好的环境里成长。盛夏的一天，詹姆雷斯生怕玫瑰被太阳烤坏了，拿出冬天储存下来的干草铺到玻璃房里，又在草上放上大量冰块，还把玻璃房的温控系统调到了22℃。

不过，傍晚时分酷暑随着一阵大雨一扫而光了。就在詹姆雷斯欣赏雨景的时候，他的玻璃花房突然失火了。他大惊失色，连忙赶过去。只见玻璃房里的干草已经被点燃，滚滚黑烟弥漫着整个上空。等火完全扑灭的时候，玫瑰也烧得差不多了。詹姆雷斯见状，大哭起来。

老朋友亨利探长听到这个消息后，决定替詹姆雷斯把那个该死的纵火犯找出来。但经过查看现场，除了发现詹姆雷斯自己和两个赶来救火的仆人的脚印外，并没有找到任何陌生脚印。而且按道理，刚下过雨的湿地不应该没有脚印啊。

究竟花房为什么会突然起火呢？探长围着玻璃房绕了一圈。忽然，他注意到玻璃房顶部有一圈圆形的凹槽，这些凹槽围绕着房顶边缘排列，非常整齐好看。"这些是透水孔。"詹姆雷斯解释说，"是用来让房顶积水流下来的。"探长沉思了一会儿说道："纵火犯找到了，就是这些圆形凹槽！"詹姆雷斯无论如何也想不通，自己耗费巨资修建的玻璃房，怎么就成了害死玫瑰的凶手呢？

聪明的读者，你能告诉他吗？

468 巧清母子账

古时有一女子，丈夫去世时才二十多岁，她含辛茹苦将儿子抚养成人。儿子结婚后不久，便感到母亲是个累赘。

一天，儿子对母亲说："娘，你养我 20 年，我也奉养了你 20 年，可以清账了。"

母亲无奈，托人写了状纸去县衙告状。县官升堂，传唤母子两人。听罢双方陈述后，县官想了一个办法，使儿子乖乖地继续奉养他的母亲。

试问：县官想的是什么办法呢？

469 愚蠢的敲诈

一辆公共汽车的司机刹车时太急，致使旅客在车厢里像木桩子那样倾倒在地，从而导致了数起对汽车运输公司的诉讼案。一位名叫德曼的旅客自称在停车中负伤而要求汽车运输公司给予 1 万元的赔偿。

负责这起诉讼案的是弗洛伦。他看到德曼在索赔书中这样描述：急刹车发生在晚上 9 点，他当时由于瞌睡没有注意抓紧扶手，当时就向后仰倒在车厢里。后来到医院检查，经医生诊断是颅骨骨折。随信还附有当日的车票及医生出具的诊断书的复印件。书中要求公司在 3 日内给予答复，不然的话他将向法庭提起诉讼。

整个索赔书有理有据，弗洛伦虽然觉得是一次故意"敲诈"，但无奈找不到证据。这可怎么办呢？这时，恰好来找弗洛伦吃饭的好朋友艾迪听说了这件事，听完了弗洛伦的描述，又看过那份索赔书，艾迪放声大笑："你不用担心，弗洛伦。你告诉他，公司随时准备应诉，同时提醒他敲诈罪成立的话，他是要坐牢的。"

那么，艾迪说这番话的根据是什么呢？

女佣的谎话 470

一天，波洛接到林斯顿太太打来的电话，说她把1000 美元放在桌子上不见了，请他赶快来一趟。

波洛立刻赶到林斯顿太太家，时针指在下午 5 点。他问林斯顿太太最后一次见到钱是什么时候？林斯顿太太说是 4 点钟。她说她把钱放在桌子上就去洗澡了，4 点半左右回来就不见钱的影子了。

波洛又问："当时有别的人在家吗？"

"有我的女佣露丝，她帮我料理一些家务。"

波洛点点头，来到露丝的屋子。露丝热情地招呼他。波洛坐在屋内唯一的一把椅子上，他感到椅子很凉。他问露丝，在林斯顿太太丢钱的时候她在干什么。露丝回答说自己从下午 4 点开始，就一直在屋里，坐在波洛现在坐的那把椅子上做针线活，从没离开半步。

听了露丝的描述，波洛笑了，然后他说："小姐，我想我能在这个屋子里找到 1000 美元。你并没有一直坐在这里，你是在我敲你的房门时，才坐到椅子上的。"

露丝看着波洛的脸，慢慢地低下了头。

波洛是怎么知道的呢？

471 不打自招

某夜，一个国王为女儿过生日，于是他在王宫开了一个盛大的晚会。席间突然发生停电，公主觉得有一个男人乘机抱住她，偷吻了她一下。惊吓之余，她不禁高叫起来："哎，谁这么不要脸？"

电灯亮了，王宫的侍卫也过来了。对此，席间的 5 位单身男子的反应分别是这样的：

一位年轻的公爵说："怎么了？公主殿下，有人非礼你吗？"

一位风流潇洒的诗人说："我刚刚站起来时，只不过不小心碰了一下您，不是这样就算非礼吧？"

一位贵族说："公主殿下喷的香水真是太迷人了，所以……"

一位邻国的王子有点儿气愤："哼，谁这么流氓？竟然趁停电偷吻您，太不像话了。"

一位绅士说："简直有失绅士风度！"

公主突然明白了什么，突然指着一位男子说："就是你，你这流氓。"

请问：这位耍流氓的男子究竟是谁？

472 百密一疏

一天，一名青年男子来到警察局报案。他说自己是一个公司的业务员，一直被公司派在外地工作，已经两三年没回来了。但前天，他请假回了一次家后，却发现家里被盗了。

听完他的叙述，警员按着常规到现场进行勘查，提取了壁橱上的指纹和地板灰尘上的脚印。女警员熊丽翻了翻衣柜中的衣物，忽然发现里面有几个樟脑丸。她不动声色地拿出一个看了看又送了回去。

然后，她转过身来对青年男子说："你这么年轻，何必耍这种把戏呢？骗取保险金这样的做法已经不是什么新鲜事了。"青年男子立刻低下了头。

请问：熊丽怎么发现青年男子报的是假案呢？

下毒者 473

冬日的一天，罗西接到一个下毒案。被害人目前还在医院接受治疗，嫌疑人被警方传唤到警局。罗西问了问情况，才知道双方刚谈成一笔生意，两个人共同干杯庆贺，不想竟中了毒。经过调查，罗西掌握了这样的事实：由于天冷，所以两个人是在家里用壶温酒喝。盛酒的壶是锡制的，热酒的方式是把壶直接放在炉子上烤。

罗西细细琢磨了一下，就知道了这起中毒案是怎么发生的了。你们知道这是怎么一回事吗？

遗漏的细节

474

　　家住在村外的村民赵某，发觉其妻与他人私通，非常生气，扬言要杀死奸夫。害怕的妻子于是趁一天赵某喝醉的时候，伙同奸夫用绳子将其勒死，并放火烧毁了房子，然后，他的妻子假装报案。检查了现场的县令发现赵某的尸体已经被烧焦，颈部一片模糊。虽然赵某的妻子伪装得很好，但经过仔细的分析和对尸体的颈部检查，县令还是立刻认定赵某是死后被烧的。

　　试问：县令是用什么方法认定的呢？

475 ## 来不及消失的证据

　　本田警长向侦探大岛本次郎报告，他接到国际刑警组织的通报，在夏威夷，有一个罪犯一个月竟十余次潜入高级宾馆，盗走了许多旅客的现金和宝石。据可靠消息，此罪犯已抵东京，国际刑警组织现已经逮捕了几个嫌疑人，罪犯应该就在里面，但没有罪犯的照片。

　　大岛本次郎看了看国际刑警组织传过来的相关资料：罪犯是一个留着三七分头发的年轻人……

　　看到这里，大岛笑了笑，然后在本田耳边说了几句话。本田警长佩服地点点头。

　　不到一天，本田打电话给大岛说罪犯抓到了。大岛本次郎到底是怎么识破这个强盗的呢？

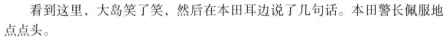

蚂蚁作证

476

　　一天，波洛接到一个案子：大富豪爱森的儿子死了。

　　大富豪爱森有一个儿子，两个女儿。但昨天，他非常疼爱的儿子被人杀了。波洛经过询问后了解到了这样的信息：爱森很早就立下遗嘱，把全部财产给了儿子。两个女儿都嫁人了，所以只能得到一笔可观的嫁妆。同时，爱森的儿子为人很好，没有仇人，生前喜欢一个叫萨丽的女孩。据爱森讲萨丽有个男朋友，有可能为了感情杀死自己的儿子。但是现场找到的凶器——一把刀上并没有发现任何指纹。

爱森还给波洛看了杀死他儿子的那把刀。仔细观察后，波洛发现缠在刀把上的绷带里面有些小蚂蚁。他问爱森："你刚才和我说你的二女婿有糖尿病，是吗？"

"是的。"

"爱森先生，我想他可能才是凶手。"

后来，警方证实了波洛的话是对的。你知道波洛是怎么推断出来的吗？

477 银牙签断案

一日，卖布的小贩陈达与客栈老板赵富贵扭拽着来到县衙告状。

陈达告赵富贵前天拿走自己两匹细布，承诺今天付账，但现在却矢口否认，拒不付款。赵富贵则反唇相驳，告陈达有意讹诈。

待问过两人详情后，黄知县已明白几分，况且他早已听闻赵富贵的品行，就将计就计，试探一番。黄知县走下公堂，和声和气地与赵富贵攀谈起来，言语间甚是投机。这时，黄知县见赵富贵胸前露出一副银牙签，便说自己很早就想打一副一样的牙签，却因一直找不到样子而作罢了。他提出想要借赵老板的银牙签仿造一副的要求，赵富贵本是个势利之人，于是忙不迭地答应了。结果，黄知县就靠这一副银牙签，便破了此案。

你知道黄知县是怎样破案的吗？

"神米"断案 478

一天，乾隆和侍从扮成普通人出了紫禁城，突然被一阵吵闹声吸引了。

原来是珠宝店的店老板正揪着两个人要去见官。原因是店老板刚才丢失了一枚玉佩。他认定就是这两个人中的一个偷的。两个人中一个是穿着体面的旗人；另一个则是穿着烂衫的乞丐，但他们都说没有偷玉佩。

乾隆上前拦住了店老板，说能够帮他找出小偷：即让他们每人含一口"神米"，再吐出来，谁吐出的米变成了刀的形状，谁就是罪犯。大家一听，都议论纷纷，但店老板还是同意了，不管有没有试一下也无妨。

于是，乾隆命侍从拿来了"神米"，令每人口含一把，然后吐出来。破衣烂衫的人很快吐出了所有的米；而旗人却吐了半天也没吐干净。

乾隆御扇一指旗人，说他就是小偷。那么，乾隆是根据什么判断旗人就是窃贼的呢？

破解亡灵之谜 479

三年前的一天，一位太太为自己去世的丈夫建造了一座别致的坟墓。因为她的丈夫是一个高尔夫球迷，所以她为他定制了一个圆球形的大理石石碑。石碑正面刻着一个十字架。但是三年后的今天，当这位太太去看望他的丈夫时，却惊讶地发现那块球形石碑不知什么时候已经向前转动了，因为原来清晰可见的刻在石碑正面的十字架已经转到下面不见了。她感到很讶异和害怕，以为是自己的丈夫向自己显灵了。所以她找来了大侦探波洛帮自己调查。

波洛立刻去墓地进行了实地勘察。墓地建在一个小山丘上，由两部分组成。下面是一个四方形的台石，看起来很沉重；台石上有一个直径100厘米的用大理石做成的石球。为了不使石球滑落，台面上凿了一个浅浅的坑，石球正好嵌在坑里面。浅坑里积了少量的水，周围长满了青苔。墓地和苔藓上没有一点人为动过的痕迹，所以可以断定不是人力所为，而且这个石球这么大，一两个人也根本推不动。最近几年附近也没有发生过地震。但石球上面的十字架确实差不多已经全隐没在坑里面了。那究竟是谁移动了墓碑呢？

波洛摸了一下浅坑里的积水，沉思了片刻后说："太太，墓石的移动与你丈夫的灵魂没有任何的关系。"他明白了这是怎么一回事。

那么，你明白这是怎么一回事吗？

480　貌似凶手

一个小伙子杀人之后，不一会儿便逃之夭夭了。警探赶到现场后，根据目击者提供的情况，在一家饭店里发现了这个嫌疑犯。可这个小伙子说自己一直在这儿，吃饭后，就在这里看电视，根本就没有离开过饭店。

饭店的经理和周围的人也证实了他的说法。可目击者却一致确认，从相貌和衣着上看，这个小伙子就是那个作案者。

然后，警探化验了凶手留下的指纹，结果，指纹和这个小伙子的明显不符。

警探忽然明白了，于是，他赶紧和助手去查了小伙子的户口册，果然如此。根据这个线索，很顺利就把凶手抓到了，并且证明确实不是这个小伙子。

请问：警探是如何找到凶手的？

481 不翼而飞的巨款

库特先生的儿子被人绑架了，作为交换条件，歹徒要他把 100 万美元的现金用布包好，装到皮箱里，在晚上 10 点时放在纽约公园铜像前的椅子下面。

库特先生为了自己心爱儿子的安全，依照歹徒的要求，把现金在规定的时间放在规定的地点，然后离开了。当然，在 2 个小时前这附近就布置了几个便衣警察。

过了十几分钟，一个穿毛衣的年轻女郎走了过来，拿起椅子下的皮箱，毫不在意地快步离开了公园。出了公园，那个女郎走了一会儿，便拦住辆出租车，坐了进去。埋伏在附近的便衣警察立即开车跟踪。不久，出租车停在地铁车站的入口处，那女郎提着黑皮箱下了车。警车上的两个便衣警察也跟了上去。

只见女郎把那黑皮箱寄存在了这个地铁入口存包处，然后在人群中消失了。便衣警察想虽然让人逃跑了，放钱的黑皮箱还在，也算是有所收获，可谁知，当便衣警察出示了证件让存包处的人打开那只皮箱时，却发现里面 100 万美元早已不翼而飞。

请问：100 万元美元到哪里去了呢？

卫生间的秘密 482

一天早晨，超市收银员鲁西死在她公寓卫生间的便池上，鲜血和便池里的水流了满地。她的死因是被匕首状的凶器刺中了背部，看上去像是在卧室遭到袭击后逃进卫生间的。

警察勘查了现场，但未发现任何可以成为凶手线索的证据，搜查陷入了困境。最后警长加里森只好请来了侦探长波洛。

　　波洛来到卫生间，他想在这里找点线索，因为他觉得既然死者还有力气跑到卫生间，她就应该在卫生间留下一点关于凶手的线索。可是他什么也没找到，卫生间里四面都是光秃秃的墙壁，还有一卷没用完的纸。波洛看着那卷纸，觉得可能快找到线索了。他把那卷手纸拿了起来，扯了开来。

　　几分钟后，他表情轻松地走了出来。

　　"我知道了，凶手是一个姓名缩写为 B.K. 的人。"

　　一句话，使大家大吃一惊："真的吗？您是在哪里找到暗示的呢？"

　　波洛微微一笑，说："这是一个秘密。"

　　那么，波洛是从哪儿发现凶手名字缩写的呢？

483　议员妻子被杀之谜

　　一天早晨，议员查理士先生的妻子梦露沙夫人被杀害了。梦露沙夫人身穿睡衣，倒在卧室的地板上，头部血肉模糊，已经没了呼吸。

　　著名侦探马可前来协助调查。经法医确认，梦露沙夫人是被钝器狠狠敲击后脑，导致颅脑损伤而死的，死亡时间大约是晚上 11 点到 12 点之间。凶手没有在现场留下任何痕迹。马可仔细检查了现场，发现在床下有一把手枪，经过检验，手枪枪柄上有受害者的血迹，看来它就是杀死梦露沙夫人的凶器。可是，现在事情越发变得奇怪：既然凶手有手枪，又为什么要把它拿来当锤子用呢？这是完全没有道理的。

　　"天哪，我亲爱的梦露沙！"刚从外面回来的查理士先生一脸悲伤。他告诉马可，他昨天整夜都在伦敦参加一个讨论会。接着他紧紧拉住马可的手说："我愿意悬赏 10 万英镑抓住那个残忍的凶手，请您一定帮我！"

　　马可安慰了查理士，然后和警探们开始讨论案情。由于线索太少，能够圈出的嫌疑人仅限于仆人和管家，但都一一被排除掉了。最后，马可忽然好像想到了什么，大声对警员们说："我知道凶手是谁了！"

　　你知道了吗？

484 集邮聚会

加利探长是个集邮爱好者，每年都会参加连续举行好几天的集邮者聚会，并在举行会议的旅馆 3 楼租了间房。

这是一幢 4 层楼的旅馆，大楼的三四楼全是单人房间，双人房间则在 2 楼。因为有很多集邮迷在此过夜，旅馆特别在意客人的财产与安全问题。

晚餐前，探长回房间去取烟斗。当他正在房内寻找时，响起了敲门声。探长没有吱声，过了一会儿没有关死的门被轻轻推开了，一个年轻人悄悄地走进来，当他见到屋内有人时便止住了脚步，结巴地说："对不起，我走错房间了！"探长客气地说："没什么，这是常有的事！"年轻人离开房间后随即上了楼梯。探长在后面注视着他，在年轻人的身影消失后，探长立即打电话报警。

15 分钟后，警察赶到旅馆，在探长的协助下，很快就在作案现场逮住了这个年轻人。警察从他身上搜到了偷来的现钞、珍贵的首饰和好几本集邮本，还有私配的钥匙，这一切都证明了这家伙是个贼！

请问：探长根据什么立即断定这个年轻人是贼的呢？

没有子弹的枪伤 485

一天，F 警官在离别墅不远的海滩上，发现躺着一个身着红色游泳衣的金发女郎。走近一看，竟是一具女尸，腹部中了两枪，鲜血染红了整个腹部。

F 警官仔细检查现场后，没有发现其他线索，唯一的线索可能只有她体内的两发子弹了。因此，他马上通知警察局把尸体送进医院解剖。不料，解剖的结果是体内没有子弹。

F 警官大伤脑筋，枪伤怎么可能没有子弹呢？经过再次检查尸体，F 警官发现尸体背后有子弹穿过的伤口，但现场没有子弹被销毁的痕迹。子弹究竟去哪里了呢？突然，F 警官想到从前破获过一个类似的案件，便大声叫道："子弹肯定在体内，不过已经完全融化了。"

请问：子弹为什么能融化在体内呢？

识破假象

　　威廉探长接到一位科研所所长的报案，说他刚接到一个恐吓电话，要他把一份绝密文件交出来，否则就要他的老命。没有办法，他只好请探长晚上7点到他家去，再详细谈谈情况。

　　晚上7时，探长准时赶到所长家里，按了门铃，却不见回音。他见房间里灯亮着，无意之中拧了一下门把手，发现门竟是开着的。探长冲进屋里一看，只见所长昏倒在沙发下面，旁边扔着一块散发着麻醉药味的手帕。

　　探长唤醒所长后，所长讲述了事情的经过：大概30分钟前，我一边看电视一边吃苹果，听到门铃响了，我以为是你来了。不料一开门，我被两个男人用枪顶了回来，开口就问我要这份密件，我佯装不知，他们立即用手帕捂住我的嘴和鼻子，我就什么都不知道了。当然那份机密文件也被歹徒拿走了。

　　果然，所长咬过一半的苹果正滚在电视机下面，电视机电源已断了。探长从电视机下面捡起了那只苹果，瞧了一眼，说："所长，是你自己卖给他们的吧！"

　　所长一听，大吃一惊，说："我？岂有此理！"

　　"你别演戏了，罪犯就是你自己！"探长看了所长一眼，把手中的苹果扔在他面前。所长一看，脸色变得灰白，无可奈何地把藏在冰箱里的大包美元交了出来。

　　请问，你知道探长是怎样识破所长的假象的吗？

由青铜鼎引发的命案

　　一天，F市的名人M先生来警察局报案，据他说他的妻子被人杀死在家中。

　　经现场勘查，死者是被重物敲击了后脑部，导致大量出血死亡的。现场没有搏斗的痕迹，显然凶手是在她不设防的情况下下手的。

　　此外，在现场还找到了一只青铜鼎。经检验，鼎上有同一个人的许多指纹，上面的血迹证明这就是杀害M夫人的凶器。M先生说这只青铜鼎是他最近刚收集到的一个价值很高的古玩。他曾经邀请了一个朋友鉴定过，他妻子也认识这个朋友。

很快，M 先生的朋友被传讯来，朋友听说此事大呼冤枉。他说："前几天，M 先生打电话让我去他家，说刚刚收到一只青铜鼎，要我帮他鉴定一下。我当时还拿着鼎帮他估价，后来我就走了，并没有发生什么凶杀呀！"

警察听罢他诉说之后说："我知道谁是凶手了。"

你知道谁是凶手吗？

488 巧妙的报案

一天，福特探长来到金冠大酒店，他发现在这里喝酒的一伙人，正是国际刑警组织正在缉捕的一伙在逃走私犯。由于这伙罪犯不知道探长的真实身份，所以谁也没注意他。

为了迅速捉拿这些人，探长便装着和女朋友通电话，这伙人听到的电话内容是这样的："亲爱的罗莎，你好吗？我是福特，昨晚不舒服，不能陪你去夜总会，现在好多了，多亏了金冠大酒店经理上个月送给我的特效药。亲爱的，不要和我这样的坏人生气，我们会永远在一起的，请你原谅我的失约，我的病不是很快就好了吗？今晚赶来你家时再向你道歉！好吧，再见！"

这伙人听了大笑不止。可是 5 分钟后，警察突然出现在他们面前，他们不得不举手投降。你知道福特是怎么报案的吗？

雪地命案 489

在一个积雪厚达 30 厘米的严冬早晨，四周白雪皑皑，罪犯在自己家中杀人后，穿过一片空地，将尸体扛到邻居一所正在建造中的空房内，转移了杀人现场。然后他顺原路返回家中，拨通了报警的电话。

几分钟后，警探赶到，他装作发现者的样子，若无其事地说："今天早晨，我想扫雪，去邻居家的空房里找推雪板，却发现了一具年轻的尸体，着实把我吓了一跳。因为空房周围没有被害人和凶手的脚印，只有我一个人进出的脚印，所以此人肯定是昨天夜里下雪以前在空房里被杀的。"

警探闻讯后，查看了报案者往返现场时留在雪地上的脚印，便厉声呵斥说："你在说谎，凶手就是你！"

请问：警探到底发现了什么证据，识破了他的谎言呢？

所罗门王冠 490

一天，大实业家松下五郎在家中接到自称是"恶魔滑稽师"的电话，对方看上了他珍藏的"所罗门王冠"。

松下听完脸色苍白。"所罗门王冠"是稀世珍宝，正收藏在他书房的保险柜里。保险柜是特制的，极其坚固。恶魔滑稽师挑衅地说，锁在柜子里不安全，今天将有人来取。

挂上电话后，松下慌忙报了警。十几分钟后，警部率10名警察赶到，全面封锁了现场。

"所罗门王冠放在哪个保险柜里？"警部指着书房的保险柜问。

"平时总寄放在银行的保险柜里，因为明晚有个朋友想来看，才从银行取回来。趁你们在这里，还是确认一下好。"

松下想着恶魔滑稽师的话，一定要看"所罗门王冠"是否还在。松下从保险柜里取出的王冠五光十色，光彩夺目。"太漂亮了！"警部不由得叫出声来。

突然，房间的灯熄灭了，四周一片漆黑，接着只听窗外一声枪响。警部向窗外大喊一声："出了什么事？"屋内的人都拥向窗边。在外监视的警察慌张地报告："角落里突然蹿出一个可疑的身影，朝天开了一枪就跑了。"

很快屋里又亮起来了。屋子里还是一样，除了一张颇为豪华的桌子和几个大沙发外，就是同样的几个人。

就在这时，松下惊叫起来："所罗门王冠不见了！"放在桌子上的王冠确实不翼而飞了。"房间都锁着门，所有通道都有人把守……"对在场的5个人都仔细进行了搜身，没有发现王冠。

请问：恶魔滑稽师是如何从戒备森严的房间里盗走王冠的呢？

491 盗珠宝的阴谋

山姆斯饭店将要举办首饰展览会，派领班兰尼小姐将设计新秀甄妮小姐接来，安排在3楼贵宾室里。

兰尼从甄妮手中接过装满珠宝的手提箱，放在床头柜上。"您有什么需要吗？"兰尼问。甄妮说："明天早晨给我送杯牛奶吧。"

第二天清早，甄妮在盥洗室里刚刷好牙，正用毛巾洗脸时，突然听见门边"啊"的一声惊叫，接着是"扑通"一声。甄妮立刻奔向门厅，只见兰尼歪倒在房门口，一股鲜血从她额头流下来。甄妮急忙去找枕巾帮她止血。当她去拿枕巾时，突然发现床头柜上装满珠宝的手提箱不见了！

顿时她脸色煞白，惊呼一声："天啊！"然后立刻报警。波洛探长赶到现场时，兰尼已进入了甄妮的房间。

甄妮哭着告诉波洛探长她的手提箱不见了。兰尼接着说："刚才，我给甄妮小姐送来一杯热牛奶。可当我刚跨进房间，就觉得有一阵风，没等我回头，头上就被硬东西砸了一下，摔倒在地，恍惚间好像看见一个蒙面歹徒，拿着甄妮的手提箱逃走了。"

探长走到床头柜前，见柜上放着一杯牛奶，对甄妮说："喝吧，牛奶还是热的。""我现在喝不下去。"甄妮泪如泉涌。兰尼摸了摸杯子说："凉了点，我再去给您热一下。"说着端盘要走。探长挡住她的去路："兰尼小姐，你还是把你的同伙和甄妮小姐的手提箱交出来吧！"

请问：探长为什么会这样说呢？

492 小·提琴手的阴谋

直到音乐会举办的当晚，著名指挥家格雷对他的两个得意门生巴蒂和埃利谁将首次登台独奏小提琴，仍然犹豫不决。开幕前 15 分钟，他才告知巴蒂准备出场演奏，然后将这个决定告知埃利，埃利感到很遗憾。

10 分钟之后，格雷去叫巴蒂准备出场，却发现巴蒂倒毙在小小的化妆间，头部中弹，血流满地，惊恐的格雷立刻将这一惨案报告尼斯探长。

探长见开场时间已到，就极力劝格雷先别声张，继续演出，然后他走进埃利的化妆室。埃利听到最后决定让他登台时，没有询问情由，便拉拉领带，拿起琴和弓，随格雷登台了。

当听众如痴如醉地沉浸在优美的乐曲中时，尼斯探长却拿起电话通知警察前来逮捕这位初露头角的青年小提琴手。

请问：探长为什么要逮捕埃利？

密室杀人案 493

　　一个女大学生的妹妹突然死了，警察判定是自杀。悲伤的女大学生来找探长："请您帮帮我。上个星期三的晚上，我妹妹在公寓自己的房间里煤气中毒了，煤气取暖器的接管松掉了，造成煤气外泄。奇怪的是，门缝都用胶带从里面贴上了。警方认为胶带是我妹妹自己贴的，从而断定她是利用煤气自杀，因为凶手是不可能从外面把胶带贴在门的里面的。可是我最了解她了，她很坚强，绝不会向困难低头，再说，她最近也没碰到什么棘手的事情，她向来有什么事情都会跟我说的。"

　　探长被她的真情感动了，答应接受她的委托。第二天，探长在这位女大学生的带领下，前往那个公寓调查。她妹妹住在 6 楼 605 号房，房间里有两室一厅，卧室不太大，门四边内侧贴着宽条的胶带，一点缝隙都没有，如果是凶手走出卧室后，再从门外贴上胶带密封缝隙，显然不可能。探长又去问楼下的住户那天晚上发生的事情。

　　"那天晚上，好像听到马达转动的低沉的声音。"楼下 505 号房间的年轻主妇忽然想起来。

　　"是马达的声音？"

　　"也许是洗衣机或是吸尘器的声音吧？"主妇自言自语地说。探长想起刚才去看的房间里有吸尘器，还有洗衣机。

　　"小姐，你的妹妹的确是被人谋害的，凶手使用了巧妙的方法，从卧室外把胶带纸贴在门的内侧。"

　　请问，这是怎么回事呢？

红枣破案 494

　　从前，有位商人要外出去做生意，由于家中没有其他人，他把一坛银子假说是红枣，封好后托邻居保管，说是很快就回来。可商人一去，竟 3 年没有回来。一天，邻居打开坛子，只见白花花的银子，就全部拿出来占为己有。

　　不久，商人回来了，邻居在坛子里装满红枣，照原样封口以后还给商人。商人打开一看，银子变成了红枣，就问："坛子里的银子呢？"邻居回答说：

"你交给我时说的是红枣，哪里来的银子呢？"两人说不清，理不明，争吵起来，就一同去见了县官。

公堂上，邻居抢先说："他把坛子交给我时说是红枣，根本就不是银子。"县官仔细看了看这坛红枣，把桌子一拍，要邻居立刻把银子交出来，否则要用大刑。邻居大呼冤枉，否认拿到银子，但当县官讲出理由时邻居便低头认罪。试问：县官说了什么呢？

495 智擒窃贼

祝枝山是明代著名的四才子之一，他有一颗价值连城的夜明珠。

一天黄昏，夜明珠被盗，而能进入屋子盗取夜明珠的没有外人。于是，他把全体仆人叫到祠堂，祠堂里黑洞洞的，隐约可见供桌前面凳子上有一个钵子。

他说："大家知道我有一颗夜明珠，却不知道我还有一个护宝的法器——察心钵。没有做亏心事的人摸了它，会觉得沁凉润指；做贼的人摸了它，会立即被它粘住，并且大叫起来。"

他叫大家依次走过去摸这只钵，可直到最后一个人摸过了，也没有人发出声来。

祝枝山吩咐把灯烛点亮后，略一巡视，突然用手一指，厉声喝道："他就是贼！"于是命人把那人抓了起来。经审问，果然是那人偷走了夜明珠。

请问：祝枝山是根据什么作出判断的呢？

496 缉拿毒贩

圣马丁警官是 K 国缉毒部门的负责人，他抓捕了许多毒贩，所以毒贩们都不敢在 K 国贩毒，于是毒贩潜逃到与 K 国接壤的 L 国边境。圣马丁的缉毒分队只能对自己国境内的犯罪活动进行打击，不能越界抓捕罪犯。于是，圣马丁制定了一个代号叫"袋鼠"的秘密行动，决定趁着夜色，快速到毒贩在 L 国的藏身地点，一举把所有毒贩都缉拿归案。当然这个行动必须要快，否则惊动了 L 国的话，将引起外交上的麻烦。

这天夜晚，圣马丁和缉毒队员们悄悄潜入 L 国境内，在不到 1 分钟的时间里，把毒贩全部抓获。但是毒贩们把毒品藏在了7根大木头中，而只有1根是挖空藏有毒品的，可是到底是哪一根呢？

一个下属提醒圣马丁，装毒品的木头会比普通木头轻，可以用现场的一块钢板和一个水泥墩做成简单的天平，逐个检验。但是他们没有时间一根一根地测量，圣马丁思索了一下，用最简单的方法完成了7根木头的比较，找出了藏毒品的那根木头。

聪明的读者，你知道最少称几次，可以把装有毒品的木头找出来吗？

为什么没有脚印 497

一天清晨，麦克给史密斯去送包裹。但是家里却无人应答，于是麦克便到小屋后面的田野去找，到那里一看，史密斯倒在了田野里。

麦克连忙报案，警察仔细查看了尸体的周围，但是没有发现一个脚印。昨天刚刚下过雨，田野里是湿的，土是软的，只要有人走过，一定会有脚印。而且史密斯的衣服很干燥，没有淋过雨。所以，史密斯是雨停后被杀的，而且这里不是第一现场。

在史密斯身后4米处有个荒废的老屋，只见那个荒凉的院落里，有一棵大榆树上挂着一个秋千，四周是光秃秃的土地。

警察点点头，他已经明白这是怎么回事了，你明白了吗？

 ## 498 冰块里的钻石

女贼坡丽塔混进珠宝拍卖会场，盗出两颗大钻石。她把钻石放在水里，然后放进冰箱里做成冰块，因为钻石是无色透明的，不会被警察轻易发现。正当她暗自高兴的时候，波洛侦探来了。

"快把钻石交出来吧！"波洛侦探说。

"大侦探，你不要信口雌黄，有什么证据说是我偷的？"她自作聪明地说，"今天天真热，来杯冰镇可乐怎么样？"坡丽塔说着从冰箱里拿出冰块，每个杯子放了4块，再倒上可乐，她把藏有钻石的冰块放进了自己的杯子里。即使冰块融化，钻石露出来了，在喝了的半杯可乐下面也是看不出来的。

波洛接过杯子喝了一口，下意识地看了看坡丽塔的杯子。

"我想，我有证据逮捕你了，钻石就在你的杯子里。"波洛肯定地说。

冰块还没有融化，那么波洛是怎么揭穿坡丽塔的可乐杯子里藏有钻石的呢？

奇怪的数字 499

罗西被一连串的铃声吵醒了，卡洛尔警士在电话中说发生了凶杀案，要他马上去。罗西赶到现场，死者是被人掐死的，从现场凌乱的梳妆台看，被害人曾和凶手进行过搏斗。

突然，窗台下的一支口红吸引了罗西的目光。只见口红的顶部被什么东西磨损过，几乎都平了。他吩咐警员四处找找有没有什么字迹留下来。不一会儿，一个警员在被窗帘蒙着的墙壁上找到了一串奇怪的数字"6801"。

"这个数字一定和凶手有联系。"罗西想了想，转身叫来饭店副经理，让他马上去查一查在 6801 号房间住的是什么人。但是，6801 房间没有人住。

"哦，那你查一下 1089 号房间的客人是谁。"罗西忽然想到了什么。

罗西敲开 1089 的房门，只见里面的人正打点行装准备离开。

"我是警察。"罗西大声地说，"先生，希望您老实交代杀害阿丽娜小姐的犯罪过程。"

罗西是怎样判断出凶手住在 1089 号房间的？

500 可疑的短信

一天晚上，有一家银行被一伙强盗盗窃了。值班的两个女职员都受了重伤，这个案子引起了大家的广泛关注。

公安局长马上叫来刑侦科长李克，命他接手此案。李克叫了几位精明强干的同志，组成了侦破小组，在全市展开地毯式的大搜索。一连几天过去了，也没有任何音讯。

但是，李克的同学肖方打来一个电话，点燃了破案的希望。他说通讯部 10 分钟前接到几个很奇怪的短信，短信的内容都是"1257"，都是由同一个手机发出的。

后来，通过对这个手机号码的寻根究底，终于抓获了一名犯罪分子，正是当时抢劫者之一。这名犯罪分子交代了其他同伙，警方一举破获了这个案件。

你知道李克他们到底是如何根据短信的内容，判断出发短信的人就是罪犯的吗？

门外的烟蒂 501

一天，侦探科林正在看报纸，一则桃色谋杀案吸引了他的注意。4 天前，在城郊的一所房子里，有一个漂亮的夫人被杀害了，作案时间是下午 2 点半至 3 点之间。

科林马上打电话给警长，警长告诉他，目前找到两名嫌疑犯，现场的指纹和足迹都被破坏了。只是在门外的地上捡到了一支烟蒂，是支只吸过一两口的很长的烟蒂。下午 2 点左右，有人看见被害人在打扫院子，所以门外的烟蒂一定是那之后罪犯扔掉，并用脚踩灭的。

科林想了想问警长："两名嫌疑犯都是谁呢？"

"一个是被害人的丈夫，他们夫妻感情不和，而且听说这个女人有外遇。一个是邮递员，他喜欢在送邮包的时候，调戏妇女。但是，我们没有足够的证据指证谁是凶手。"警长说。

"其实，证据已经很充分了，凶手就是邮递员。"科林非常肯定地说。

那么，科林的推理是什么呢？

502　漂浮的茶叶

一个夜晚，警察局接到报案，一个公司的总裁在家中毒身亡。

警长立即赶到现场。据经理秘书讲，被害者 3 小时前出席了一次宴会，因为多喝了几杯，由秘书将他送回家中。当时总裁的家人都不在家，秘书就留下来照顾他。

因为总裁喝多了，为了给他醒酒，秘书就为他沏了一壶茶。安顿好后，秘书即回公司处理事务。当他再次来看总裁时，发现他已中毒身亡。

警长又转身向先来的警察和法医询问，据他们讲整个房间里除了死者和秘书外，没有第三者来过的痕迹。壶中的茶水试喂过狗，没有毒。初步怀疑是在宴会上吃了有毒食物，现在正在进行调查。

警长来到桌边把那只茶壶揭开看了看，发现里面有半壶茶水，上面漂浮着一些茶叶。他把壶盖好，转身问跟在身边的警员："茶壶上的指纹取过了吗？""取过了，只有总裁和秘书的指纹。"

"那么说凶手就是秘书！"警长斩钉截铁地说。

他是如何得出这一结论的呢？

被涂改的重量 503

在海关，每天需要检验的货物非常多。有一个大胡子商人带着 10 个集装箱前来报关，验关员发现"物品重量"一栏有涂改的痕迹。验关员再次细心核对，这是一批型号重量都完全一样的汽车轴承，没有道理出现事后更改重量的情况。

验关员要求重新查货，大胡子商人恼羞成怒，大声说："我干脆直接告诉你，这 10 箱货里有一箱轴承是特种轴承，10 点以后，装运的货轮就要出港，要打开 10 个集装箱，至少需要称 9 次。"

验关员笑着说："我想你还是补缴关税比较好，因为找出特种轴承根本不需要称 9 次，只需要称一次就够了！"

假设标准轴承的重量是 100 克，而特种轴承比普通轴承重 10 克，你知道这个聪明的验关员是怎么称一次就能找出特种轴承的吗？

504 15 点赌博

一个外乡人在镇上设了一个赌局，他用 200 元下注，其他人则用 20 元下注，每次下注都要放到任意一个数字上，双方轮流走，先获得 3 个加起来等于 15 的数字的人获胜。

有一个老赌徒决定赌一把。他先把 20 元放在 7 上，外乡人把 200 元放在 8 上。老赌徒再把 20 元放在 2 上，这样他以为下一轮再放在 6 上就可加起来等于 15，于是就可以赢了。

但是外乡人把钱放到了 6 上，让老赌徒的计划没有成功。现在，他只要在下一轮把钞票放在 1 上就可获胜了。老赌徒看到这一威胁，便把 20 元放在 1 上。外乡人并不慌张，他笑嘻嘻地把 200 元放到了 4 上。老赌徒看到他下次

放到 5 上便可赢了，就不得不再次堵住他的路，把 20 元放到了 5 上。可是，这时外乡人却把 200 元放到了 3 上，因为 8+4+3 = 15，所以他赢了。

老赌徒输掉了这 80 元钱，而外乡人则赢得了"15 点"的胜利。大家都说外乡人作弊了，于是他们请来警察调查，经过警官详细而认真的调查，终于解开了外乡人只赢不输的谜团。

请问：你觉得外乡人作弊了吗？

505 失窃的金币

汉尼平时省吃俭用，偷偷积攒了 54 个金币。为了防止小偷，汉尼把金币放进了一个小坛子里，然后埋在了自家的后院。然而，这一切都被邻居斯特罗看到了。

一个夜晚，斯特罗偷偷溜进汉尼的后院，把那坛金币偷走了。

过了半个月，汉尼去看他的金币，发现坛子和金币都不见了。汉尼最终把嫌疑犯锁定在自己的邻居斯特罗身上，只有他最可能看到埋金币的事情。

一天，他装出没事的样子到斯特罗的家里跟他闲聊："唉，人老了，账也不会算了，你说 54 个金币加上 45 个金币共是多少？"

"99 个金币。"

"这么说，再凑一个金币，就满 100 个啰！"

"对，一点也不错。"

"噢，太好了。"汉尼手舞足蹈地离开了斯特罗的家。

当天夜里，斯特罗就把老汉尼那坛子 54 个金币如数送回汉尼的后院。

你知道这是怎么一回事吗？

秘密代码 506

一天，某军总司令部截获一份秘密情报。经过初步破译得知，下月初，敌军的三个师团兵将分东西两路再次发动进攻。在东路集结的部队人数为"ETWQ"，从西路进攻的部队人数为"FEFQ"，东西两路总兵力为"AWQQQ"，但到底是多少却无从得知。后来，苦思不得其解的密码竟然被一位数学老师破译了。

你知道数学老师是怎么破译的吗？

虚假的报案 507

一天，罗西警官刚上班就接到报警电话："马丁路克高级公寓 203 房间被盗。"

报案的是公寓的管理员，他说，今天早上他照例去每层楼巡视，经过 203 房间门口时，忽然听到里面有声音。他感到很奇怪，因为这个房间的主人出远门了，至少要半个月才能回来。出于责任心，他便透过锁孔往里面看，发现一个男子在房间右侧的柜子旁正往大包里塞东西，然后又蹿到左侧的窗边跳了出去。他知道这人肯定是盗贼，就打电话报了警。

罗西随后和管理员一起来到现场。公寓的房门是一扇有 10 厘米厚的重重的橡木门，门的锁孔大小和黄豆差不多，房间很长，左侧墙壁到右侧窗户足有 14 米。左侧的窗户开着。突然，管理员抢先来到窗边，说："警官，这里有一个男人的脚印。"

罗西站到管理员面前说："别演戏了，你就是盗贼。"他张口欲言，但最终低下了头。罗西是根据什么作出这一判断的呢？

508 说谎的"教父"

格桑是黑帮的头目，被黑帮尊称为"教父"。警方一直想逮捕他，但都失败了。有一天上午，格桑忽然来到警察局自首，他告诉警察上个月他走私了 100 块壁画回国，可是，当他联系好收藏家准备出售的时候，这些壁画被他的手下全部取走了。因为盗窃的人很多，他想让警方帮他揪出背叛他的手下，同时追回这批价值连城的壁画。他可以为警方作证，但条件是警方不得起诉他。得到了应允后，他为警方提供了 25 个人的名字，这些人中最少的偷走 1 块，最多的偷了 9 块。当问到这 25 人各自偷了多少块壁画时，他说也记不清了，但可以肯定的是，他们都偷走了单数块壁画，没人偷走双数块的。

警察们都认为这是一个一举消灭黑帮的好机会，全部倾巢出动，有一个心理专家对警察局局长说："格桑耍了你们，他可能是对手下失去了控制，才想到借你们之手来除掉手下！"

警察局局长听得瞠目结舌，你知道心理学专家是怎么知道格桑在说谎的吗？

509 损失多少

　　金生开了一家珠宝商店，有个穿着时髦的女士来买钻戒。她挑中了一枚漂亮的蓝钻戒指，标价10000元，经过讨价还价，以8000元成交。接着，她递给金生一张银行支票，上面有令人信服的签章，票面金额是10000元。

　　刚好金生没有零钱找，便拿着支票到电器商行兑换了10000元，然后找给顾客2000元，过了一会儿，电器商行的老板来找他，原来他正巧去银行兑付支票，银行却告诉他支票是假的！没办法，金生只好收回支票，赔偿了电器商行老板10000元。

　　金生想：他今天损失了价值8000元的戒指，又赔偿电器商行老板10000元，还有找给顾客的2000元真币，一共是损失了20000元！

　　聪明的读者，你知道实际损失到底是多少吗？

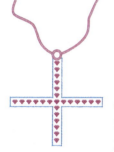

钻石项链 510

　　从前，有一个贵妇人的脖子上挂着一个特别大的钻石项链。这条项链的挂坠上镶有25颗呈十字架排列的钻石。拥有这件无价之宝的贵妇人平日里最喜欢清点十字架上的钻石，她无论是从上往下数到最下端，还是从左数到中央再往上数或者从右数到中央再向上数，答案都是13。但是，无意间贵妇人的这三种数法被首饰师知道了。当贵妇人拿着被首饰师修理好的挂坠，当面清点完回家后，首饰师正看着手里的从挂坠上取下的钻石偷偷乐呢。愚昧的贵妇人如果不改变数钻石的方式是永远都不会发现这个秘密的。

　　你知道首饰师在哪个地方动了手脚吗？

第七部分

解析篇

第一部分　逻辑思维游戏

1. 被小孩儿打败的预言家

小孩儿只要在纸上写下"下午 3 点之前哈桑将写一个'不'"这句话就可以了。根据这句话，如果哈桑写下的是"是"字，那么他的预言就和纸条上的内容正好相反，他的解析就是错的。如果他写下"不"字，那么他也错了，因为这样正好从反面见证了小孩儿预言的正确性。所以，无论哈桑写"是"还是写"不"都是不可能写对的。

2. 自食其果的仙人

多利的话是自相矛盾的。如果我们假定说谎者总是说假话，不说谎的人总是说真话，那么多利的那句话就会出现逻辑矛盾。即"力比多仙岛的人从来不说一句真话"这句话不可能是真话，因为多利自己就是力比多仙岛的人，那么他说的就不会是真话。可是这又意味着力比多仙岛的人是说真话的，按照这个逻辑去推，多利说的话自然就是真话，因此多利说的那句话也不可能是假话了。

3. 矛盾的标语

此题的道理同上题一样，墙上的这句话存在自我矛盾的地方，既然不准涂写，就不应该在墙上出现任何文字；如果这句话可以合理地被写在墙上，那警示标语就没用了。

4. 找出三个错误

第三个错误到底在哪里？不用怀疑本题的正确性。你会发现在上面的算式里只有第 2 个和第 4 个是错的。所以说题目中"找出三个有错误的地方"的断言是错的，因此，这个断言就是第三个错误！

5. 计算机为什么发狂

指令就是："你必须拒绝我现在给你编的语句，因为我编的所有语句都是错的。"这是一个逻辑怪圈，既然所有的语句都是错的，那现在这句指令就不可能是正确的；如果这句指令是正确的，那就不是所有指令都是错的。计算机因为无法判断这句话的对错只能不断地重复工作直到死机。

6. 亦真亦假

假设第一句是真的，那么第二句就肯定是真的。但是，如果第二句是真的，那第一句就必然是假的！等等，你可能会有点晕。那好吧，让我们认为第一句是假的，那就是说第二句的确是假的。可是这样，就等于承认第一句必然是真的，结果我们又得从头开始了。

这道题的解析只好用标题来概括：亦真亦假。所以，标题就是答案。

7. 苦恼的鲨鱼

姐姐说："你是要吃掉我妹妹的。"听了姐姐的话，鲨鱼傻眼了，因为如果姐姐说的是对的，它就应该在吃掉妹妹的同时，再把妹妹放走。所以，鲨鱼说："真讨厌！要是你说我要放回妹妹，我就可以美餐一顿了！"

8. 理发师悖论

如果理发师自己刮胡子，那他就属于自己刮胡子的那类人。但是，他的招牌说明他不给这类人刮胡子，因此他不能自己来刮。所以，找不到人给理发师刮胡子。

9. 无聊与有趣

或许你在想，也许因为他们去串门了（你知道两栋房子的距离是这么近）。其实不难想象，在无聊的人的名单上自然总会有一个人是世界上最无聊的人，而这种最无聊会使得他非常有意思。这样一来，他就成了有趣的人，我们就得把他移到旁边的房子里。现在又有另一个人成了最无聊的人，他也同样会变得使人感兴趣，所以我们不得不也把他移到另一个房间里，结果就是最后每个人都变得有意思起来，所以也就不存在什么无聊的人了。

不过，记住这只是个悖论，不要过分严格推敲哦！

10. 谁爱我

不正确。在逻辑学里，提到"A 或 B"的时候并不单纯指"A 或 B 的某一方"，有时也意味着 A 和 B 两方。如果还不太明白，看看下面的推论也许你就清楚了。

A 或 B 的某一方可以指 A 和 B 两方，两者都是 A 或 B。

所以题中的推断不太准确，因为也有可能两个人都爱你哦。

11. 出人意料的考试

假设考试肯定不会在下周的最后一天举行，因为如果最后一天到来时前几天还没有考，所有的学生就都知道了最后一天会考试，这就不是"出人意料"的考试了。同理类推，考试也不会在倒数第二天，或者在倒数第三天等等，因此学生们的推测结果就是老师不会在下周的某一天举行考试。但是，当下周来到，老师在周一开始进行考试时仍然让大家感觉很意外。事实上，无论在哪一天举行考试，都将出人意料。这就是问题的矛盾所在。你看明白了吗？

12. 纽科姆悖论

欧米加已经走了，无论你选哪个箱子都不会有太多的变化。所以，如果你只拿箱子 B，你就可能变成一个百万富翁，因为之前很多次的实验中，欧米加都让拿两

个箱子的人只得到两千美元，所以箱子 B 里肯定有两百万美元。

如果你两个箱子都拿走，会有两种结果 欧米加已经做完了他的预言，并已离开。箱子不会再变了。如果是空的，它还是空的。如果它是有钱的，它还是有钱的。所以如果拿走两个箱子，就可以得到里面所有的钱。最多可以得到两百万加两千美元。

对吗？不过专家们还不知道如何解决它。这个悖论是哲学家经常争论的很多预言悖论中最新的，也是最棘手的。它是物理学家威廉·纽科姆发明的，称为纽科姆悖论。

13. 机器人辩证

这个机器人如果他不是自己修，那么，他就属于不给自己修理的机器人，因此，就应送到他的车间，由他自己修；如果他自己修，那么，他就不应该自己修，因为他只给不给自己修理的机器人修理。给自己修，不给自己修；不给自己修，给自己修……你搞清楚了吗？

14. 猜猜我是谁

我是一只狗。仔细想想，狗的确可以利用嘴里的牙齿吓跑欺负自己主人或者朋友的人，而当儿童举起砖头时，它只能夹起尾巴呜呜地逃跑了。

15. 神秘的 R

彩虹。蓝、绿、红、紫都是彩虹的颜色，它经常出现在雨后的天空中，大家都可以看到它，但是却没有一个人可以摸到它。

16. 我是什么

答案就是"今天"。

17. 斯芬克斯之谜

是人。婴儿时用四肢爬，长大后用两

条腿走路，老了则需要拄拐杖。听到俄狄浦斯说出正确解析，惊骇的斯芬克斯转身就自杀了。这个谜语也许你早就听过，而且不止一遍了吧，但这里我们还是忍不住再说一下。实在是传说迷人，谜题迷人，答案更加迷人啊！

18. 天知地知

"我"的鞋底儿破了。看了这个答案，你可不要笑，事实上历史上有一个很有名的题目和这个很相似，它的题目如下：

他走进树林抓住了它，于是坐了下来找它，因为没法找到它，只好把它带回了家。

这个答案是什么呢？我想你想不到，它就是刺进脚板中的一根荆棘。

19. 最长的和最短的

不用多说，答案自然是时间。此题的作者是伟大的作家伏尔泰。

20. 这是什么

微笑。英语中的单词"微笑"（smile）如同衣服一样是可以"穿戴"的，比如，我们就常常说"面带（穿着）微笑"，"脸上收起（脱下）笑容"等等。

21. 过河谜题

整个过程需要 7 次往返，具体过程如下图所示：

出发岸边	中途	抵达岸边
虎、马、草、人		
①虎、草 ➞ 马、人		马、人
②虎、草 ← 人		马
③草 ➞ 人、虎		马
④草 ← 人、马		虎
⑤马 ➞ 人、草		虎
⑥马 ← 人		虎、草
⑦人、马 ➞ 虎、草		马、人

22. 新娘、新郎过河问题（1）

需要 9 次往返。新郎用 H 表示，新娘用 W 表示，过河过程如下：

	岸边	渡船	对岸
	H1 W1 H2 W2 H3 W3		
1.	H2 W2 H3 W3	H1 W1	
2.	H2 W2 H3 W3	W1	H1
3.	H2 H3 W3	W1 W2	H1
4.	H2 H3 W3	W2	H1 W1
5.	H3 W3	H2 W2	H1 W1
6.	H3 W3	W2	H1 W1 H2
7.	H3	W2 W3	H1 W1 H2
8.	H3	W3	H1 W1 H2 W2
9.		H3 W3	H1 W1 H2 W2

最终：H1 W1 H2 W2 H3 W3

23. 新娘、新郎过河问题（2）

需要 5 次往返。我们用 H1、W1 表示第一对夫妻，H2、W2 为第二对夫妻，过河过程如下：

	岸边	渡船	对岸
	H1 W1 H2 W2		
1.	H2 W2	H1 W1	
2.	H2 W2	W1	H1
3.	W1	H2 W2	H1
4.	W1	H1	H2 W2
5.		H1 W1	H2 W2

最终：H1 W1 H2 W2

24. 好人和坏人

如图所示，动物从圆圈上部的好人 G 开始数数，数到第九的人就是坏人 B，于是 B 被抛入大海。之后，数到九的又是一个"B"，同样，它也被抛入大海。如此安排坐位就可以保证被抛入大海的都是坏人，而所有的好人都能安然无恙。

25. 汉诺塔谜题

按照谜题的规则，和尚们得花上（n–1）^{64}步才能移完金盘，就算每秒移动一次（而且没有失误），这项任务也得花费 5.82×10^{11}，也就是 582，000，000，000 年才能完成！到那个时候，估计距世界末日确实也不远了。

26. 真假判断

这也是一个典型的悖论问题。如果卡片的正面说的是真话，那么卡片的背面说的话就是真的，按照这个逻辑，卡片的正面的话则应该是假话。同理反推，这两句话还是矛盾的。所以，真假无解。

27. 金币在哪里

金币在 B 盒。

让我们来简单分析一下，假设 A 说的话是真的，根据"只有一句话是真"的条件，那 B 和 C 就是假话。既然是假话，那么 B 的反话就可认为是真话，即金币在 B 盒，但这和假话矛盾，所以不成立。

假设 C 说的话是真的，金币不在 A 盒，那 A 和 B 说的都是假话，A 和 B 的反话为真，即 A 承认金币不在自己那里，B 盒则承认金币在自己那里。命题成立，因此判断金币在 B 盒。

28. 令人发疯的盒子

嗯，盒子的制作者是说真话的人。慢！如果是说真话的人，那么盒子上的这句话就应该是真话，那盒子的制作者就是说假话者。

那好吧，盒子的制作者是说假话者，但是这么一来，盒子上的话就是假的，那盒子的制作者就是说真话者。

停，分析到这里，如果你还想拿盒子的话，奉劝还是住手吧。

29. 红色玫瑰

这位新娘的推理其实也简单，假设另外两位新娘分别为 A、B，这位新娘 C 的推理如下：

（1）三位新娘几乎是同时举起的手，这就说明 A 看到 C（本新娘）或者 B 两个人中至少有一个人额上是红色玫瑰，而 B 看到 C 或者 A 两个人中也至少有一个额上是红色玫瑰。

（2）如果 C 额上不是红色玫瑰，那么，A 一定这样想："B 举起手，说明自己或者 C 额上有红色玫瑰，又看到 C 额上不是红色玫瑰，那么，自己额上的就肯定是红色玫瑰。"

B 也会和 A 一样这么想，那么，她们两个人就会很快把手放下，但是，事实上是，她们两个都没有把手放下，这说明 C 的额上肯定也是红色玫瑰了。

这段推理你看明白了吗？其实，上面这位新娘 C 运用的推理方法就是充分条件假言推理的否定后件式和选言推理的否定肯定式。

30. 巧识门牌号

敲○□这个房间。

31. 神志清醒和精神错乱

这个人提的第一个问题是："你神志清醒吗？"第二个问题是："你是人吗？"看完答案，你大概忍俊不禁了吧，虽然题目陈述的比较复杂，但实际上有用的线索只有两条而已。如果你能掌握住这里的关键，相信猜出答案就是轻而易举的事儿了。

32. 聪明的东方朔

东方朔说："既然是不死之药，皇上是杀不死臣子的，何苦多此一举呢？如果真的把臣子杀死了，那就证明不死之药没有功效，吃了还是要死的。这种东西就是拿来骗皇上的。"

听了东方朔的话，皇帝哈哈大笑，于是下令放了东方朔，还赏赐给他宫廷美酒。

33. 谁是继承人

这个问题其实不难，抓住其中的规律你就可以稳稳当当地成为继承人了。这个规律是：无论从哪一颗夜明珠开始数起，每次拿走第 17 颗，依此进行，最后剩下来的必然是最初开始数的第 3 颗夜明珠。

34. 请你破案

杰克和瑞德都是凶手。因为 D 说了真话，所以可以认定 C 讲的是假话，既然如此，那么 A 和 B 说的都是假话，由此可以判断杰克和瑞德两个人都是凶手。

35. 娶妻陷阱

男人可以随便问其中一位美女，比如问甲："你说乙比丙的等级低吗？"如果甲回答"是"，那么应该选乙为妻。因为如果甲是君子，则乙比丙低，因此乙是小人，丙是常人，所以乙保证不是琵琶精；如果甲是小人，则乙的等级比丙高，这就意味着乙是君子，丙是常人，所以乙一定不是琵琶精；如果甲是常人，那么她自己就是琵琶精，所以乙肯定就不是琵琶精。因此，不管什么情况下，选乙都不会娶到琵琶精。

如果甲回答的是"不"，那么男人就可以选丙做妻子。推理方法同上。

36. 常胜将军

根据（1）和（2）的陈述，可能推断四个人中有三个人的年龄相同。老刘的年龄肯定比他的儿子和女儿大，从而年龄相同的必定是他的儿子、女儿和妹妹，这样，老刘的儿子和女儿必定是（1）中所指的

双胞胎。因此，老刘的儿子或者女儿就是常胜将军，而老刘的妹妹义不容辞就是表现最差的人。再根据（1）推断出常胜将军的双胞胎一定是老刘的儿子，所以常胜将军无疑是老刘的女儿。

37. 谋杀岛

母亲是凶手，父亲是同谋，儿子是被害者，女儿是目击者。

38. 公主择偶

因为丘吉尔、克林顿和皮特只符合一个条件，只有普金符合两个条件，所以他当然符合第三个条件，即各人的外貌分别是：丘吉尔是高鼻子，克林顿是高鼻子，普金是高鼻子、白皮肤、长相帅气，皮特是白皮肤。

谁是白马王子，你清楚了吗？

39. 联盟撒谎

因为四个人说的都是假话，所以根据以上信息，我们可以推出 8 条真实的情况，即：

雷奥纳多：1、我不是第二个去医生公寓的。

2、我到达他的公寓时，他仍然活着。

达芬奇：1、我离开医生公寓时，他已经死了。

2、我们四个人中有一个是凶手。

西蒙：1、我不是第三个去医生公寓的。

2、我离开他的公寓时，他已经死了。

村上：1、我到达医生公寓时，他还活着。

2、凶手是在我去医生公寓之后去的。

根据以上情况，可以推断出雷奥纳多是第一个去的，村上是第二个去的，达芬

奇是第三个去的，西蒙是第四个去的。杀害医生的凶手是达芬奇。

40. 求婚计划

根据以上信息可以推测出有6对伴侣。

如果 x 是已婚女士的人数，那么 $6-x$ 等于处于订婚阶段的女士的人数，还等于处于订婚阶段的男士的人数，还等于已婚男士的人数。

如果 y 是单独前来的已婚男士的人数，那么已结婚而和夫人一起来的男士的人数加上单独来的已结婚的男士的人数，等于已婚男士的总人数：$x+y=6-x$。于是，单独前来的已婚男士的人数等于 $6-2x$。

舞会上没有订婚的女士的人数，则等于：$7-(6-2x)-(6-2x)$，即 $4x-5$。

由于 $4x-5$ 等于还没有订婚的女士人数，所以 x 不能等于0，或者1。费德勒先生是还没有订婚的男士，于是 x 不能大于2，否则还没有订婚的男士的人数（$6-2x$）将成为0甚至是负数，所以 x 必定等于2。

因此，这次舞会上有2位已婚的女士、4位处于订婚阶段的女士和3位还没有订婚的女士。而黛丽是一位已经订婚还没有结婚的女士。

由此看来费德勒先生只能把这一见钟情埋藏在心底了。

41. 漂亮的姑娘

乌玛就是那漂亮的姑娘。

42. 真假追凶

根据口供，可以推出下面两种情况：

A
（1）乙说：甲没有偷东西。
（2）丙说：乙说的是真话。
（3）甲：丙在撒谎。

B
（1）丙说：甲没有偷东西。
（2）甲说：乙说的是真话。
（3）乙说：丙在撒谎。

对于A而言，（2）支持（1）；而（3）否定（2），进而否定（1）。所以，口供就变成了：

（1）乙说：甲没有偷东西。

（2）丙说：甲没有偷东西。

（3）甲说：甲是有罪的。

显然，A是不可能的。

对于B而言，（3）否定（1）；而（2）支持（3），进而否定（1）。所以，口供就变成了：

（1）丙说：甲没有偷东西。

（2）甲说：甲没有偷东西。

（3）乙说：甲是有罪的。

根据已知条件得知：假设"甲有罪"，那么甲说了真话且是有罪的，显然这是不可能的。

假设"甲没有偷东西"，那么甲是无辜的，且乙和丙都撒了谎，所以他们两个人中必有一个人是有罪的。由于甲是无辜的，所以乙就是盗窃者。

43. 女秘书

如果（1）和（2）是假话，则安娜就是同谋，琳达就是凶手，莉莉是毫不知情者，那么（3）就是假话。

如果（1）和（3）是假话，则安娜是同谋，而莉莉是毫不知情者，琳达就是凶手了，这样（2）也成为假话。

如果（2）和（3）是假话，则琳达就

是凶手，而莉莉是毫不知情者，那么安娜就是同谋，这样（1）也成为了假话。

因此，毫不知情者作了两条证词。再进一步推测，如果毫不知情者作了（2）和（3）这两条供词，那么安娜就是凶手，但供词（1）则说安娜是同谋，因此这是不可能的。依次类推下去，可以知道莉莉是毫不知情者，琳达是同谋，安娜是凶手。

44. 酒精灯

是 B 学生偷了酒精灯。

45. 同学聚会

经过推断，他们四人正确的坐法是：

是丙把丁毒死了。

46. 硬币（1）

由于只有九枚硬币，因此谁先开局谁就必定会输。

47. 硬币（2）

这是一个后发制胜的游戏，谁先开局谁必输。如果你的对手稍微聪明一点，就不会在你取 1 枚时，他取 4 枚，到最后他输的局面。

48. 游泳冠军

四个人的名次排列顺序是：丙、乙、甲、丁，丙是游泳冠军。

49. 谁在前面，谁在后面

他们的顺序依次是：戊、丙、己、丁、甲、乙。

50. 分机器人

4 个女孩的姓名分别是：燕妮·琼斯、玫利·哈文、培拉·史密斯和米奇·安德鲁。

51. 足球运动

（1）甲和丙。

（2）三个。

（3）四个。

（4）游泳。

52. 谁大谁小

云云最大，文文最小。从大到小依次是：云云、安安、拉拉、飞飞、娇娇、文文。

53. 如何分类

无法归类。这是一个矛盾的词。我们举个例子，如果你把"不符合自身的词"，放在"不符合自身"这一类里，那它与此类的标题"不符合自身"正好相符，这样它就成了"符合自身的词"应该放在第一类中。但是如果放在第一类中，那么"不符合自身的词"这个词与第一类标题的意思又不相符，不能符合此类的标准，所以也不应该放在第一类。

在这道题中，题目本身就是一个典型的悖论题，它最初由格雷林和他的老师纳尔逊提出，通常称"格雷林悖论"，它是集合悖论的又一形式。

54. 巧请客

第一个问题可以这么问：今天晚上您愿意同我一起去餐厅吗？

那第二个问题就可以这么问：对这个问题的回答，与对第一个问题的回答是一样的吗？

除非席琳对第一个问题的回答是"是"，否则对第二个问题她无论回答什么，都会是错的。因为如果她说了"不"，那么对第二个问题来说，无论回答"是"或者"不"，在逻辑上都是错误的。

如果你这么问了，席琳肯定会答应和你去吃饭的。

55. 难解的血缘关系

罗西是唯一的女性。

假设比尔的父亲是罗西，那么罗西的同胞兄弟必定是哈文，于是哈文的女儿必定是比尔，从而得出比尔是哈文和罗西两人的女儿，而哈文和罗西又是同胞兄弟，这是乱伦关系，是不容许的。所以，比尔的父亲是哈文，罗西的同胞兄弟就是比尔。罗西是女性。

56. 运动员推理

首先，我们分析甲对乙说的这句话。甲说：你是足球队员。从这句话可以推知，甲肯定是足球队员。为什么？因为甲、乙两人是足球队员，还是篮球队员，从下面四种组合即可以推出：

	甲	乙
①	篮球	足球
②	篮球	篮球
③	足球	篮球
④	足球	足球

题目规定对同队队员必须说真话，而对异队队员要说假话，那么1、2两种情况都不可能。所以，甲是足球队员。

其次，分析戊对甲说的话。戊说：你和丙都不是足球队员。已知甲是足球队员，因此，戊说的是假话。所以，戊是篮球队员。

然后再分析丁对戊说的话。丁说：你和乙都是足球队员。已知戊是篮球队员，而丁说的是假话。所以，丁是足球队员。

从丙对丁说的话中，可以分析出丙说的是假话。因此丙和丁是异对，所以，丙是篮球队员。

最后，从乙对丙说的话中，可以分析出乙说的是假话。乙同丙是异队，乙是足球队员。

甲、乙、丁是足球队员。

57. 谁养斑马

解题时，最好先列一个表格，如下：

编号	左1	左2	左3	左4	左5
国籍					
住房颜色					
动物					
饮料					
香烟					

列这个表，可以帮助你理清思路，推理过程如下：

（一）首先推测五幢不同颜色的房子的排列位置。

从条件（5）开始：绿房子在白房子的右边。我们大概可以知道白、绿房子的位置有四种可能性：

①白左1，绿左2；

②白左2，绿左3；

③白左3，绿左4；

④白左4，绿左5。

条件（9）告诉我们：左1是挪威人住的。结合条件（14），我们可以知道左2是蓝房子。这样，我们可以推测出：绿房子与白房子的位置关系可能是如下两种情况：

①白左3，绿左4；

②白左4，绿左5。

得出这个结论的同时，我们可以推测

出如下几个可能的结论：

1. 挪威人不可能住蓝房子里（因蓝房子在左 2），也不可能住在绿房子和白房子里（绿、白房子可能在左 3、左 4 或左 5），他也不可能住在红房子里 [据条件（1）]，这样，通过推理得知：挪威人住黄房子，即黄房子的位置在左 1。

2. 如果挪威人住黄房子，那么，由条件（7）我们推断出他抽的是"红塔山"牌香烟。

3. 如果挪威人抽的是"红塔山"牌香烟，那我们就能推出蓝色房子的主人养马 [条件（11）]。

因为有了以上的推论，我们可以根据这个中间结论进行进一步的推断：

首先推论西班牙人的情况。

西班牙人住什么颜色的房子？他不可能住黄房子（挪威人住黄房子），不可能住蓝房子（蓝房子的主人养马，而西班牙人养狗），也不可能住红房子（因为红房子英国人住）。所以，他只能住白色或绿色的房子。

西班牙人抽什么牌子的香烟？他不可能抽"红塔山"牌，不可能抽"摩尔"牌（日本人抽"摩尔"牌），也不可能抽"大红门"牌香烟（养蜗牛的人抽"大红门"牌，而西班牙人养狗），所以，他只能抽"壳牌"或"肯特"牌香烟。

其次，推论乌克兰人的情况。

乌克兰人喝茶，因此，他不可能住绿房子 [据条件（3）]。当然也不可能住黄色或红色的房子。所以，只能住蓝色或白色的房子。

乌克兰人抽什么牌子的香烟？他不可能抽"红塔山"牌，不可能抽"摩尔"牌，也不可能抽"肯特"牌 [据条件（12）]。

因此，他只能抽"壳牌"或"大红门"牌香烟。

由此，我们就可以推测出五幢不同颜色的房子的排列位置了。

即红房子或是左 3，或是左 5。

假设：红房子在左 5。

如果红房子在左 5。那么，白房子就在左 3；如果白房子在左 3，绿房子就在左 4，而且左 3 的主人喝牛奶 [据条件（3）]，那么，喝茶的乌克兰人只能住在蓝房子中。如果乌克兰人住在蓝房子中，那么，他只能抽"壳牌"牌香烟（因为抽"大红门"牌香烟的人养蜗牛，而蓝房子的主人养马）。同时，又因乌克兰人只可能抽"壳牌"牌香烟，那么，西班牙人只能抽"肯特"牌香烟。如果西班牙人抽"肯特"牌香烟，那么，他就喝橘子水；如果西班牙人喝橘子水，那么，他就不可能住绿色的房子 [条件（3）]。以上的推理的结论是，如果红房子在左 5，那么，西班牙人不能住绿色的房子。这是假设红房子在左 5 所得出的第一个结论。

另一方面，如果红房子在左 5，那么，白房子在左 3；如果白色房子在左 3，因为左 3 的房主是喝牛奶的，那么西班牙人就不能住白房子（因为从以上的推论得知西班牙人抽"肯特"牌香烟，喝橘子水）。如果西班牙人不能住白房子，就只能住绿色房子。

所以，设红房子在左 5，就可推出两个逻辑矛盾的结论，因而这个假设不成立。所以，红房子在左 3。

到此为止，我们获得了房子排列位置的确定结论。图示如下：

左1	左2	左3	左4	左5
黄	蓝	红	白	绿

（二）进一步推论五幢房子主人的国籍。根据已知条件和以上的推论，现在已经明确的是：左1挪威人，左3是英国人。

乌克兰人住哪幢房子？他显然不会住左1、左3和左5。这样，他只能住左2或左4。

抽"肯特"牌香烟的人住哪一幢房子？因为他喝橘子水，所以，他不可能住左1、左3、左5，这样，他也只能住左2或左4。

乌克兰人喝茶，抽"肯特"牌香烟的人喝橘子水，因此，乌克兰人和抽"肯特"牌香烟的人不可能是同一个人，这样，左2和左4分别由他们俩住了。因此，抽"摩尔"牌香烟的日本人，就只能住左5的绿房子了。

（三）进一步推论五幢房子主人的国籍。根据已知条件和以上的推论，现在已经明确的是：左1是挪威人，左3是英国人，左5是日本人。

西班牙人住哪里？他不可能住左1、左3和左5，也不可能住左2（因为左2的房主养马）。这样，他只能住左4了。这样一来，乌克兰人就只能住左2了。

到此为止，我们所获得的已知条件和中间结论。可用下表表示：

编号	左1	左2	左3	左4	左5
国籍	挪威	乌克兰	英国	西班牙	日本
住房颜色	黄	蓝	红	白	绿
动物		马		狗	
饮料		茶	牛奶		咖啡
香烟	红塔山				摩尔

（四）现在我们只要通过推理获得谁养狐狸、蜗牛，谁喝橘子水，谁抽"壳牌"、"大红门"、"肯特"牌香烟等中间结论，就可得出最后的结论了。

上面已推论，抽"肯特"牌香烟的人或住左2或住左4，同时又已知抽"肯特"牌香烟的人喝橘子水，这样就可以排除左2了，所以，他住在左4，是西班牙人。

抽"大红门"香烟的人养蜗牛，排除其他条件，他只能是英国人。这样，乌克兰人抽"壳牌"香烟，而挪威人养狐狸。

（五）最后，通过推理可以获得最后的结论：挪威人喝水，日本人养斑马。用表格表示如下：

编号	左1	左2	左3	左4	左5
国籍	挪威	乌克兰	英国	西班牙	日本
住房颜色	黄	蓝	红	白	绿
动物	狐狸	马	蜗牛	狗	斑马
饮料	水	茶	牛奶	橘子水	咖啡
香烟	红塔山	壳牌	大红门	肯特	摩尔

58. 主人和猫

（1）先假设只有 1 只病猫，如果病猫的主人看到其他猫都没有生病，那么就会知道自己的猫是有病的。按照这个推论推断，第一天晚上就应该有枪响。而实际上我们没有听到枪响，所以说明病猫数要大于 1。

（2）那么，假设有 2 只病猫，除了自己的猫以外，其中一个病猫的主人会从别人那里看到有 1 只病猫，因为第一天没有听到枪响，推断病猫数要大于 1，所以病猫的主人就可以推断出自己的猫有病，这样一来，第二天就应该会有枪响。但是，第二天仍没有枪响，这说明病猫数还要大于 2。

按照同样的过程进行推理，我们就能很容易知道，如果第三天枪响，那肯定是有 3 只病猫。你看明白了吗？

59. 谁是幸运者

根据已知条件得知，D 和 E 中必定有一位和 A 和 C 属于相同的年龄档，因此 A 和 C 都小于 30 岁。按照校长的要求，他是不会选择 A 和 C 的。另外，从条件中得知，C 和 D 当中必定有一位与 B 和 E 的职业相同，因此，B 和 E 是秘书。所以校长必定会选择 D 做学校的音乐老师。

60. 谁在撒谎

假如小艾说的话是真话，那么小美说的话就是假话，相反，如果小艾说的话是假话，那么小美说的话就是真话。据此推测，小艾和小美之间必定有 1 人在撒谎。依此类推，5 人中应该有 3 人在撒谎。

61. 幸运的姑娘们

根据（1）（2）（4）得出以下三个组合：

① 李琳、农夫家的女儿、黑狼；

② 李琳、宾馆家的女儿、黑狼；

③ 李琳、宾馆家的女儿、白狼。

同样，也可以根据条件对依云和茉莉进行组合。综合一下，就可以得出正确的结果：李琳是农夫家的女儿，被探险家从黑狼嘴下救出来的；依云是宾馆家的女儿，被探险家从红狼嘴下救出来的；茉莉是书店家的女儿，被探险家从白狼嘴下救出来的。

62. 古希腊的传说

假设玛丽是受害者，那么希克的话就是对受害者说的即是假的话，所以，玛丽不可能是受害者。

假设瑞利是受害者，那么玛丽和劳尔的话就是对受害者说的即是真话。所以，瑞利不可能是受害者。

假设劳尔是受害者，那么瑞利的话就是对受害者说的即是假话，所以劳尔也不可能是受害者。

综上可知，希克是真正的受害者。

63. 雇佣谁

根据条件推理，砌砖工中的 b 和 c 是必须雇佣的。

一共要招聘 5 个人，5 人中又必须要 2 名水泥工，而 A 和 B 又只能留一个，所以 C 就必须被雇佣，根据条件（3）推理，C 对 a 有意见，所以 a 就不能被雇佣，d 和 f 不能同时用，那只能用 b 和 c 了。

64. 三岔口

往左边走。

可以这么推理：如果被问的人只说真话，那他就会如实说出只说假话的兄弟的答案，这个答案与要去的方向是相反的。

如果被问的是只说假话的人，那他则

会把说真话的兄弟的答案颠倒过来，这个答案与应该去的方向也是相反的。所以，不管谁回答这个问题，都可以得出正确的方向。

65. 合法夫妻

赵和王是夫妻；

郑和孙是夫妻；

吴和钱是夫妻；

周和李是夫妻。

根据题目提供的条件我们可以确定彼此的性别。根据 D 的描述，孙、李和王曾经住在一起，所以他们三个是同性别；B 说，李和钱的衣服颜色、尺寸、款式一样，这表明他们两个也是同性别。而 C 关于孙的表述，我们能推断出孙的爱人是男性，那么自然孙就是女性了。因此，把前面的综合一下就是，孙、李、王、钱是女性，剩下的吴、郑、周、赵就是男性。

从 E 可以推出，吴的妻子不可能是李和王，所以只可能是孙或者钱。从 C 又能推导出吴的妻子不可能是孙，所以钱就是吴的妻子，吴和钱是夫妻。

从 E 知道，郑的妻子不可能是王和李，那只能是孙，所以，郑和孙是夫妻。

A 说赵结婚的时候，李来参加了婚礼，所以赵的妻子是王，周的妻子是李。

66. 黄白蓝

根据题目条件，我们可以推断小黄的皮包不是蓝色就是白色，小白的皮包可能是蓝色或者黄色，而小蓝的皮包可能是黄色或者白色。

最先发现问题的是提白色皮包的人，而小黄又回答了这个人的问题，所以小黄的皮包肯定不是白色，因此小黄的皮包可以知道是蓝色的。拿白色皮包的人我们已

经知道不是小黄就是小蓝，现在知道小黄拿的是蓝色皮包，所以拿白色皮包的一定就是小蓝。小白的皮包自然就是黄色的了。

这个问题分析起来很简单，但是稍微有些绕，你看明白了吗？

67. 导演是谁

《黄手帕》的导演姓白，《孙悟空新传》的导演姓黄，《白莲飘飘》的导演姓孙。

甲导演拍了《黄手帕》，所以甲不会姓黄，他又不姓孙，所以他只能姓白。

《孙悟空新传》的导演不姓黄就姓白，可是甲已经姓白了，所以他姓黄。剩下的《白莲飘飘》的导演只能姓孙了。

68. 买彩票

毫无疑问，是甲中了特等奖。

因为只有一个人说了真话，所以可以推定都说乙中奖的甲和丙说的都是假话，这样一来，我们就知道乙肯定没有中奖。假设乙说的是真话，即丙中了特等奖，那丁肯定没中奖，他说的就是真话，可是真话只有一句，所以说乙说的是真话的假设是错误的，那么丙也没有中奖。

既然甲、乙、丙说的都是假话，那么丁说的就是真话，即丁没有中奖，所以最后结果就是甲中了特等奖。

69. 新领导

新来的领导姓齐，女性，60 岁，湖南人。

5 个人每个都只说对了一项，有两个人说对同一项，综合起来 5 个人共说对了四项。那新领导肯定是女的而不是男的，因为如果是男的，就会有 3 个人说对同一项。既然是女的，那么可以肯定新领导不姓秦也不姓戚，也不是 55 岁，四川人的说法也是错的。剩下的每一个人都只说对了一项，所以这位领导也不是 50 岁，因

为不可能再有两个人猜对同一项了，所以女领导是 60 岁。这样，新领导也不会姓陈，也不是重庆人。

70. 偷面包的贼

丙偷了面包。

假设丁说的是真话，那么乙说的就是假话，因此丙没有偷面包。而丙也说自己没有偷面包，那么这 4 句话中就有两句是真话，违背了题目的条件。所以丁和乙说的话是互相矛盾的，两个人的话不可能全真，也不可能全假，必有一个是真话，由此可以判定甲和丙说的都是假话。丙的假话倒过来就是"我偷了面包"。

71. 免除一死

你可以回答："你要杀死我。"

如果魔王证明你回答错了，就不能杀你。但同样如果这样的答案是正确的，根据约定，魔王还是不能杀你。

72. 哲学的应用

小李是这么说的："按照你的逻辑，一切事物都在变化，我也在瞬息万变，现在的我并没有打人，打人的我是过去的我。因此你就去告那个过去的我，让他付给你医药费吧。"

73. 谁来填表

他可以这样回答："作为学生的我不愿意自己填，我是作为组长替作为学生的我填写的。"这样通过区别和规定，也就摆脱了这种两难的困境。

74. 国王和大臣

老臣最后免了一死。因为国王给不起老臣这些麦粒。因为装满这 64 格的麦粒大概需要 1136 亿升。这样的数量是全世界两年内生产的全部小麦。

75. 上马与下马

女孩儿说的是："那你先回答我，我是要出门还是要进门呢？"

76. 骑马比慢

聪明人让两个骑手将马对换来骑，这样，两个骑手都想使自己骑的马（对方的马）跑得快点。用"调换一个角度"的办法，把"比慢"变成了"比快"，所以比赛很快就结束了。

77. 说不通的提示

分析这个警告：如果这本书中包含一个（或多个）错误，则这个作为序言的警告是正确的。如果这本书中除了这个作为序言的命题以外没有任何错误，则这个作为序言的命题是错误的。但是如果作为序言的命题是正确的，那么本书就没有错误，作为序言的命题就是错误的……

78. 哪种方案最佳

从单个坏人的立场看，每个人的最佳结果是：自己坦白而同伙不坦白。这种情况下，他可以完全摆脱干系。

79. 盒子里的宝贝

按照智者女儿的推理，她坚信这个宝贝无法放在某个盒子里。然而不论她如何推测，当她的父亲把宝贝放在任意一个盒子里时，她依然会感到很意外。

80. 独角兽的角

这个问题被认为是不存在之物的属性。如果某物实际上不存在，可以具有任何特性吗？如果你认为独角兽只有一只角，那你的意思毫无疑问是想说，假如独角兽存在，那它就会有一只角。但是，谁又证明独角兽是存在还是不存在呢？

81. 单身情人

那么结了婚又离婚的男人呢？或者结

了婚，但是伴侣却不幸去世的男人呢？你能想明白吗？

82. 相信与否

如果你相信这个语句，那就意味着你相信自己不相信它。但是如果你不相信它，那么你就有充分的理由肯定自己现在是相信这个句子所说的意思的，因为它是真的……如果以上分析令你相信它，你马上又陷入困境。这就是著名的布里丹语句。

83. 曹植智解

是 C 射中的。

曹植是这么想的：既然父亲说 E 的说法是对的，那么就可以先假设是 D 射中的，如果是这样，那么 A、B、C、D 说的就都是错误的，但是这个就和父亲所说的"有 3 个人猜对了"的条件相违背。那结果只能是 C 射中了。这样一来 A、C、E 说的都是对的。这里省略了一点点推理过程，你可以把它补出来吗？

84. 哥哥和弟弟

欢欢是哥哥，乐乐是弟弟。

如果能分得清是上午还是下午，那么对我们的判断会有很大的帮助。假设，当时是下午，那么哥哥说的就应该是假话。如果这样，当被问第一个问题时，必然有一人会回答："我不是哥哥。"但是题目中没有这样的回答，所以，我们可以判定当时是上午。那么，当被问及第二个问题时，只有欢欢说的是符合情理的，所以欢欢是哥哥，乐乐是弟弟。

85. 报名表在哪里

打开第二个盒子 B。

只有一句是真话，所以假设盒子 A 的是真话，那么盒子 B 的话就是假话，因而可以知道报名表在盒子 B 里。如果假设盒

子 A 的话是假话，那么有两种情况，第一种盒子 B 和盒子 A 有可能说的都是真话，但这与假设矛盾，所以不成立；第二种即两句话都是假话，那么报名表可以确定就在盒子 B 里。因此无论如何推断，报名表只能是在盒子 B 里，你猜对了吗？

86. 胖头和瘦头

胖头是葫芦部族的人。

探险者的第一个问题问得实在精彩，因为无论胖头是葫芦部族的人还是金蛇部族的人，他都会回答"是的"，这个回答如果不是谎话，肯定就是真话。而瘦头的翻译正好说明他自己讲的是真话，所以胖头自然就是说假话的葫芦部族的人了。

87. 难住自己的公主

王子问的问题是：请问，为了能使您嫁给我，我该提个什么问题才能难住您呢？

这个问题问得很妙，王子的言外之意就是：如果公主能说出一个难题，那么我就可以用这个难题难倒你；如果你说不出来，那我就能用这个问题来难倒你，无论怎么说，你都必须兑现诺言。

公主自然难逃这个问题的陷阱，所以，她是自己把自己难住了，也只好嫁给不太英俊但是聪明的王子了。

88. 马拉多纳的故事

马拉多纳补出的战绩表如下：

丁队三战三负。

各队赛出的名次是：

丙队第一名，甲队第二名，乙队第三名，丁队第四名。

马拉多纳是这样推理的：

四个队共比赛 6 场，如果每场比赛都按一胜一负计算（不是平局），那么比赛结果就是六胜六负。而报纸登载的部分是

六胜三负。所以，丁队必是三战三负的。关于名次，就按胜负次数的多少排列。

89. 我是猫

德军是这么推理的：猫的活动这么有规律，说明空地下面有个隐蔽的活动场所；而只有空地下有隐蔽的活动场所，猫才能有规律地每天晒太阳。只有高级指挥部才会设在阵地的后方，这个隐蔽的地方一般均设在法军阵地后方，所以，它一定是高级指挥所。

90. 刘墉和乾隆

刘墉是这么说的："皇上想的是'不想把玉镯赏给刘墉'。"这么一来，乾隆就陷入了两难的回答境地，说刘墉猜得对呢，镯子不想给他也得给；说刘墉猜得不对呢，镯子就必须得给他了。

91. 耳光和吻

这道题帮助大家放松一下，答案其实一眼就可以看出来，只有高个儿没有任何心理活动，实际情况就是高个儿自己吻了自己的手，然后又给了矮个儿一个耳光。

92. 财主和仆人

仆人采取了以毒攻毒的方法，他是这么回答的："我买牛的日子和老爷您买牛的脾气差不多。不是星期天、星期一，也不是星期二，更不是星期三、星期四，星期五、星期六也不行。所以，除了这些天，剩下的那一天我就会把买好的牛带回来了。"

吝啬的财主买牛的要求是排除所有种类的牛，而聪明的仆人呢，也如法炮制，排除了一周中的任何一天，这样一来财主自然就没什么话可说了。

93. 逻辑猜糖

小群推测其他两人拿的都是奶糖。

他是这么推理的：根据题目，对方手里的糖或者是奶糖，或者是水果糖。如果对方拿的是水果糖，那么他立即就可以知道自己拿的是奶糖，因为水果糖只有一颗。但是其他两人并没有反应，这说明其他两人的糖肯定是奶糖。

94. 谁是冠军

丙是冠军。

A 和 B 的回答都不矛盾，所以有可能两个人的话都是对的，但这不符合题目给出的条件"只有一个人说的是对的"。如果 C 的看法是对的，那么我们首先可以推出的冠军有可能是甲，或者是乙，或者是丙，如果是甲或者乙中的任何一个人，那么 A 和 B 中就有一个人说的是对的，这样一来加上 C 题就有两个人说的话是对的，故与题目的限定条件矛盾。因此，只有丙是冠军，才能完全满足题目所给的条件。

95. 大学难题

琪上的是弗大，尊被威大录取，穗则去了哈大。

根据给出的条件，我们可以假设（1）的前半句话是正确的，那么它的后半句话就是错的，即琪上的是哈大，尊没有上威大。那么尊只能上弗大了。如果（3）的前半句话是正确的，即琪上了弗大。显然，这个结果是矛盾的，琪一个人怎么可能同时上两所大学呢？因此，此假设不成立。

再假设（1）的后半句话是正确的，即尊上的是威大，那么（3）的后半句话就是错的，前半句是对的，即琪上的是弗大，由此可知（2）的前半句话是错的，后半句话是正确的，即穗上的是哈大。如此一来，就各就各位了。

96. 瑞蒙德有罪吗

有罪。

假设理查德无罪，那么罪犯不是瑞蒙德就是戴德。如果瑞蒙德是罪犯，他自然是有罪的。如果戴德是罪犯，根据条件（2），他肯定会和瑞蒙德一起作案，那么瑞蒙德还是有罪。

如果理查德有罪，那么，根据条件（3），理查德必定得和一个人合伙作案，这个人不是瑞蒙德，就是戴德或者是两个人都有。假设是和戴德一起，那么有戴德参与的案子，瑞蒙德肯定也会参与，因此瑞蒙德无论如何都有罪。

97. 真假导游

相信A。如果相信B，那么等待他们的只有死亡了。

假定A是truth，说的是真话。那么，当A去问B是哪种人时，如果B也是truth，那么他就会如实说自己是truth。而A则向旅游者如实地传达了这个回答。

如果B是false，那么他就会撒谎说自己是truth，而A传达给大家的话再一次证明自己说的是真话。

倘若假定A是说谎话的false，B是说真话的truth时，B会说自己是truth，而A肯定会篡改B的话，但A没有这样做。

如果B也是说谎话的false，那么他仍会把自己说成是truth，A也还是会篡改答案，但是A也没有这样做。

所以A是说真话的truth，相信他没有错。

98. 谁最后进门

最后进门的是A。

只要知道彼此时间上的早晚关系，一切问题就迎刃而解了。

按照他们各自的陈述，早晚问题可以这样推测：

（1）A比C晚进门。

（2）B比D晚进门。

（3）C比B晚进门。

（4）D不知道早晚。

由此，我们可以推断：

根据（1）和（3），A比C晚，比B晚，又比D晚，所以A最晚。

99. 冰岛土著

B的判断是合理的。

100. 狂欢晚会

星是说假话的人。

晚会上的任何一个人都不会说："我是说假话的。"

101. 小花猫搬鱼

搬运五次。

把盘子分别编号为甲、乙、丙、丁。

（1）先取出甲、乙盘中的各一条鱼放在丙盘里。

（2）再把甲、丙盘中的各一条鱼放到乙盘中。

（3）再把甲、丙盘中的各一条鱼放到丁盘中。

（4）把乙、丁盘中的各一条鱼放到甲盘中。

（5）把乙、丁盘中各剩下的一条鱼都放到甲盘中。

102. 牛肉和羊腿

根据（1）和（2）得知，如果安安要的是牛肉，那么拉拉要的就是羊腿，丁丁要的是羊腿。但这种情况与（3）矛盾。那么拉拉要的就是牛肉；根据（3）得知，丁丁要的是羊腿，同时也符合（2）的描述，安安和丁丁没有同时要牛肉。

103. 猫的谎言

假设花猫的话是假的，那么花猫捉的鱼少于白猫，白猫就只有一条，这是相互矛盾的。

所以，花猫的话是真的，花猫≥白猫，白猫捉的鱼不可能是一条……①

假设黑猫的话是假的，黑猫捉的鱼少于花猫，因花猫是两条，所以黑猫就是一条。但这样白猫的话又成了假的，而且白猫必须是少于黑猫，这是与①相互矛盾的，也是不可能的。

所以，黑猫的话是真的，黑猫≥白猫，白猫捉的鱼不可能是两条……②

根据①、②所知，可能会有以下几种情况：

白猫 2 条、花猫 3 条、黑猫 3 条……③

白猫 3 条、花猫 3 条、黑猫 3 条……④

在④的情况下，白猫和黑猫捉的鱼是相同的，无论白猫说的是真话还是假话，都是不可能的。

所以，③是正确答案。

104. 四个兄弟一半说真话

说真话的（二哥和小弟弟）不可能说"我是长兄"，所以，劳茵的话是假的，那么可知，劳茵不是长兄，而是三哥。那么，劳莎就不是三哥了，劳特的话就是真的，劳特就是二哥或者小弟。

假设劳拉是二哥或小弟的话，劳特和劳拉就是二哥和小弟（顺序暂时未知），劳莎就是长兄了，劳拉即是二哥或小弟同时又撒谎，这是相互矛盾的。所以，劳拉是长兄。

从劳拉的话中可知（假话），劳莎是二哥，劳特是小弟。

105. 外星球来的稀客

除去费卢以外 4 人的发言具体如下：

阿波罗说："泰勒和比尔来自不同星球。"

泰勒说："比尔和费卢来自不同星球。"

比尔说："费卢和阿波罗来自不同星球。"

莱布说："阿波罗和泰勒来自不同星球。"

假设阿波罗撒谎，从泰勒和比尔的发言来看，比尔和阿波罗是同一星球的，进一步从莱布的发言来看，比尔和泰勒是不同星球的，结果阿波罗的发言反而不是谎言，与前面的假设相矛盾。所以，阿波罗的发言是真实的。

假设撒谎的是泰勒或是比尔或是莱布，那么推论都和阿波罗的推论一样，他们的发言都会是真实的。

所以，泰勒撒了谎，从而可知比尔和莱布都是水星人。

因此可推断，泰勒、费卢是火星人，阿波罗是水星人。

106. 美人鱼的珍珠

4 条人鱼共有 10 颗珍珠。

艾艾 + 拉拉 =5 的话，

米米 + $\overline{丽丽}$ =5；

艾艾 + 拉拉 ≠ 5 的话，

米米 + $\overline{丽丽}$ ≠5。

所以，丽丽和拉拉或者都说了真话，或者都撒了谎。

假设她们都说了真话，丽丽 ≠ 2，拉拉 ≠ 2。

由于拉拉说的是真实的，米米≠3。

假设艾艾的话是真实的（艾艾≠2），由于拉拉 + 米米 =5，可得艾艾 + 丽丽 =5，米米的话就是假的，所以米米 =2。因此，拉拉 =3，那么，丽丽的话就变成假的了。

因此，艾艾的话是假的，艾艾 =2，那么艾艾 + 丽丽 ≠ 4。所以米米的话是假的，米米 = 2。

由于丽丽的话是真的，所以拉拉 =3。这样，拉拉 + 米米 =5，就成了艾艾有 2 颗珍珠却又说了真话，这是自相矛盾的。

所以，前面的假设是不成立的。

如果她们都撒了谎，那么丽丽 =2、拉拉 =2，从拉拉的话中（假的）可知，米米 ≠ 3。

所以，艾艾的话是假的，艾艾 =2，剩下的米米就有 4 颗珍珠。

她们各自脖子上戴的珍珠数量如下：

丽丽：2 颗，

艾艾：2 颗，

拉拉：2 颗，

米米：4 颗。

107. 谁和谁是一家

如果拿长笛的和坐在河边的是兄弟的话，根据坐在河边的人的话，拿长笛的就是可可。拿书的人对不是兄弟的人所说的话就变成了真话，这就相互矛盾了。所以拿长笛的和坐在河边的不可能是兄弟。

如果拿长笛的和坐在树下的人是兄弟的话，根据拿书的说的话（假话），可知拿长笛的就是丁丁。拿长笛的对是兄弟的说的话却成了假话，所以也是矛盾的。因此拿长笛的和坐在树下的不可能是兄弟。

由此得知拿长笛的和拿书的是兄弟，

坐在河边的和坐在树下的是兄弟。

108. 好学的当当

如果踢足球（第四项）在射箭的后面，那么踢足球和第五项运动共计花费 3 天以内时间，这与（2）相互矛盾。所以，第四项是踢足球，第五项是射箭。

根据条件（1）可知，踢足球最长时间是 9 日、10 日、11 日的 3 天，根据条件（2）（4），既不是 1 天也不是 3 天，所以只能是 2 天。

根据条件（1），第三项（1 天时间）是滑雪或者游泳。

假设是滑雪的话，滑雪只能在 8 日进行，第四项的踢足球用 2 天，所以第五项的射箭就用了 5 天。那么根据（4），剩下的网球和游泳就是 3 天和 4 天了，在 1 日到 7 日之间进行，由于 4 日那天没有打网球，所以这个假设不可能成立。

因此，第三项是游泳，第一项是网球，第二项是滑雪。

游泳只用了 9 日 1 天，踢足球是 10 日和 11 日 2 天。所以，射箭是从 12 日开始的 4 天，网球是 5 天，剩下的滑雪是 3 天。

具体如下表：

运动项目名称		开始	结束
第一项	网球	1 日	5 日
第二项	滑雪	6 日	8 日
第三项	游泳	9 日	
第四项	踢足球	10 日	11 日
第五项	射箭	12 日	15 日

109. 模仿秀

没有勇气的话，就不会站在对方的立场。

110. 四个小画家

先假设 W 为拿到自己的临摹画的人，X、Y、Z 分别为其他三人。

根据题目，因为只有一个人画的临摹画回到自己手中，所以交换的形式如下图所示：

W X→Y Y→Z Z→X

根据（3）可知方方没有拿着自己的临摹画，所以方方不是 W。因此，我们可以假设方方是 X，根据（2）可知：

方方→Y Y→Z Z→方方（蒙娜丽莎）

根据条件（2）和条件（1）知道，Y 不是洋洋，Z 也不是洋洋，所以 W 是洋洋。洋洋在交换后唯一拿到了自己的临摹画，他画的是"最后的晚餐"。根据条件（5）可知美美拿到的也是"最后的晚餐"的临摹画。根据上面的交换流程，美美拿的画有可能是从方方或者莉莉那儿拿的，又根据（4）知道方方和莉莉临摹的都是"最后的晚餐"。剩下的可以推出 Y 是莉莉，Z 是美美，她画的是"蒙娜丽莎"。所以最后的答案是：

洋洋画的是"最后的晚餐"，交换后拿到是自己的画。

方方画的是"最后的晚餐"，交换后拿到的是美美的画。

莉莉画的是"最后的晚餐"，交换后拿到的是方方的画。

美美画的是"蒙娜丽莎"、交换后拿到的是莉莉的画。

111. 淘气鬼的娃娃

假设条件（4）的"穿四毛裙子的娃娃"是四毛的话，就成了"穿四毛裙子的娃娃

是四毛"，并且"穿四毛裙子的娃娃是二毛"，这就相互矛盾了。假设"穿四毛裙子的娃娃"的是二毛也一样。所以那个娃娃应该是大毛或者三毛，能考虑到这一点的人，可以说是很聪明的人.

根据条件（4），"穿四毛裙子的娃娃"是三毛或者大毛。所以，由条件（1）（4）可知有以下几种可能性：

（1）

	大毛	二毛	三毛	四毛
上衣	A	B	C	D
裙子	四毛	大毛	三毛	二毛

（2）

	大毛	二毛	三毛	四毛
上衣	E	F	G	H
裙子	大毛	三毛	四毛	二毛

（1）的情况下，根据条件（2），C= 大毛；根据条件（3），D= 二毛，这样的话，穿自己衣服的娃娃就不存在了，所以不可能。

（2）的情况下，根据条件（2），H= 大毛；根据条件（3），E= 二毛，这样的话，穿自己衣服的娃娃就只能是 G= 三毛，所以剩下的 F= 四毛。

所以，大毛穿了二毛的上衣、自己的裙子；二毛穿了四毛的上衣、三毛的裙子；三毛穿了自己的上衣、四毛的裙子；四毛穿了大毛的上衣、二毛的裙子。

112. 小魔女的乌龟

根据（1）（6），灰色眼睛的魔女、黑色服装的魔女、小欢子（黄色眼睛），3 人饲养的乌龟是 1 只、3 只、4 只（顺序不确定）……①

根据（2），绿色眼睛的魔女、红色服装的魔女、小安子3人饲养的乌龟分别是2只、3只、4只（顺序不确定）……②

根据（3）（6），黄色眼睛的魔女、茶色服装的魔女、小丹子3人饲养的乌龟分别是1只、2只、4只（顺序不确定）……③

小安子的眼睛不是黄色的（6），也不是蓝色的（5），也不是绿色的（2），所以是灰色的。

灰色眼睛是小安子，所以不是红色服装（2），也不是紫色服装（4），也不是黑色服装（1），应该是茶色服装。

灰色眼睛的魔女在①②③里面都出现过了，所以是饲养了4只。还有1个，在①③里共同出现过的黄色眼睛的魔女（小欢子）是饲养了1只乌龟。所以，黑色服装的魔女和小丹子不是同一个魔女。

根据①黑色服装的魔女有3只乌龟，在①②里面都出现过的黑魔女和绿色眼睛的魔女是同一个人，黑色服装的魔女（绿色眼睛，3只）和小丹子不是同一个人，所以是小林子。

根据（2）红色服装的魔女是小丹子。

所以，小林子的眼睛是绿色的，穿着黑色服装，养了3只乌龟；小欢子的眼睛是黄色的，穿着紫色服装，养了1只乌龟；小安子的眼睛是灰色的，穿着茶色服装，养了4只乌龟；小丹子的眼睛是蓝色的，穿着红色服装，养了2只乌龟。

113. 紧急集合

	上装	下装
李佳	房华的	自己的
刘方	自己的	何林的
房华	何林的	刘方的
何林	李佳的	房华的

114. 新课本

（2）有的同学没有新课本。

115. 鱼网袜和蝴蝶发带

有妖法的女子是思思。

穿着妖法鱼网袜的是思思和平平。

戴着妖法蝴蝶发带的是蕾蕾和思思。

116. 玛瑙戒指

因为奇奇和兜兜的话是相互矛盾的，所以两人之中必有一人在撒谎。

假设奇奇说的是真话，那么兜兜说的就是假话，从奇奇的话来看，天天是有妖性的女子，就是说撒谎的兜兜戴着玛瑙戒指，这样一来，天天的话就不是假的了。

所以，奇奇的话应该是假的（即天天不是有妖性的女子），兜兜的话是真的。

因为天天的话是假的，所以天天应该戴着玛瑙戒指，撒谎的奇奇就是有妖性的女子。

117. 魔鬼

戴黄色头冠的是光光。

戴白色头冠的是贝贝，要变成魔鬼。

戴蓝色头冠的是木木。

戴黑色头冠的是乔乔。

118. 三兄弟购物

强强：书包。

壮壮：篮球。

冬冬：英语字典。

119. 小鸟吃虫子

黄鸟：4厘米的红色虫子。

白鸟：3厘米的黑色虫子。

黑鸟：6厘米的红色虫子。

绿鸟：5厘米的黑色虫子。

120. 乌龟赛跑

假设丙的话是真话，那么丁的话也是真话，从而，甲的话也是真话，即乙上次是第二名。因此，上次的第一名既不是乙也不是丙，所以应该是丁或者甲。但是，无论哪个是上次的第一名，本应该都说真话的丙和丁的话至少有一个会变成假话。

所以，丙的话只能是假话（名次下降，而且丁的名次没有上升）……①

由于丙不是上次的第一名，这次的名次下降，所以这次是在第三名以下。因此，乙的话也是假话（名次下降，而且丙这次不是第二名）。

假设丁的话是假话，甲的名次没有上升，而同时甲以外的三只乌龟的名次也全部下降，这是不合理的。

所以，根据①可知丁的名次没有变化，根据的丁话（真话）可知，甲这次名次上升了。

从甲的话（真话）来看，乙上回是第二名。丙上次既不是第一名也不是第二名而是第三名，这次则是第四名，同样名次下降的乙这次是第三名。甲这次是从上次的第四名上升了，丁上次和这次都是第一名。所以，甲这次是第二名。

具体如下表：

	上次	这次
甲	4 名	2 名
乙	2 名	3 名
丙	3 名	4 名
丁	1 名	1 名

121. 德拉家和卡卡家的狗狗们

穿红衣服的狗狗：卡卡家的多多。

穿蓝衣服的狗狗：德拉家的汪汪。

穿白衣服的狗狗：德拉家的咪咪。

穿绿衣服的狗狗：卡卡家的依依。

122. 太平洋里的鲨鱼

甲：1100 米。

乙：1200 米。

丙：800 米。

丁：900 米。

戊：1000 米。

123. 出嫁的新娘

美嘉只穿着短裤。

124. 谁是老大

如果张三说的是实话，那么李四说的也不错。但只有一个人说实话，张三、李四、阿七说的都是假话，只有王五说的是实话，李四是老大。

125. 说英语的绿卡人

（3）一个绿卡人只会说英语是不够的。

126. 就职演说会

三个人都是这么想的，以亚当为例。亚当先假设"自己戴的是红帽子"，然后比尔也这么想：

（1）比尔看到亚当是"红帽子"的，艾文是黄色的。

（2）艾文看到的是亚当的"红帽子"和比尔的帽子。

（3）如果比尔本身也是"红帽子"的话，又因为"最少会有一顶黄帽子"，那么，艾文应该可以马上回答出"红帽子"，然而他却沉默不语。

（4）也就是说，比尔应该会认为"自己戴的不是红帽子"。但是，比尔也保持沉默。这说明，亚当假设"自己戴的是红帽子"是错的，因此结论为"黄帽子"。

127. 创造力的问题

（1）创造力很大胆或缺乏个性。

128. 说谎者

甲和丙。

先假设乙是老实人。那么，把丙说的话颠倒过来，戊就成了老实人，因此甲和丁也是老实人，这样就超过只有两人是老实人的限制。

然后假设丁是老实人，把甲的话颠倒过来，乙就成了老实人。但按丁的说法，乙应该是个骗子，这样就产生矛盾了。

再假设戊是老实人，那么加上甲和丁，老实人就变成三位了，所以也行不通。

只有甲和丙所说的话，就跟题目的条件相吻合。

129. 沙漠之旅

当然可以喝。

在一个晴朗的午后说"今天天气真好啊"，对方回答"Yes"，可想而知对方一定是说实话的人，水自然也可以喝了。

130. 猛兽出没

探险家问："今天没有猛兽出没是吗？"

131. 篮球比赛

3 胜 1 败。

全部共有 10 场比赛，各校都必须跟其他四所学校对打一场，4×5=20（场），但是每场有两校出赛，所以 20÷2=10（场）。也就是说，总共应该会有 10 胜。一至四中合计共有 7 胜，那么剩下的 3 胜便是五中的了，并可以马上算出五中有一败。

132. 公司业绩

小李业绩最差。

133. 谁姓什么

王大明、张二明、李三明、赵四明。

134. 喜欢与不喜欢

（4）喜欢历史的学生不喜欢数学。

135. 拔河比赛

E 班。

136. 谁大谁小

小田年龄比较大。

137. 杀人犯

大麻子是杀人犯。

138. 跟谁握手

戊和甲、乙两个人握了手。

139. 擅长唱歌

（3）有擅长唱歌但不属于甲班的学生。

140. 谁是谁的新娘

秋红是大林的新娘、春红是二林的新娘、夏红是小林的新娘。

141. 坚强的儿子

儿子说："如果我正直的话，就不会被神遗弃；如果我不正直，就不会被大众所背叛。所以无论如何，我都不会被背叛的。"

142. 三个女儿割草

小女儿割了 3 篮，二女儿割了 1 篮，大女儿最懒，一篮都没有割。

143. 三只八哥

罗伯特来自 A 国；丽萨来自 B 国；艾米来自 C 国。

144. 猜谜

第一个宝盒是红色的，第二个宝盒是绿色的，第三个宝盒是黑色的，第四个宝盒是黄色的，第五个宝盒是蓝色的。

145. 期末考试

婷婷得了第四名，亮亮得了第二名，佳佳得了第三名，小美得了第一名。

146. 他们是什么关系

张先生是最高领导人，张先生直接给"我"和董先生安排工作；我直接给王先生、李小姐安排工作；董先生直接给赵小姐、杜小姐安排工作。

147. 死因

不可能。死囚会被处死。执行绞刑的日期可以放在规定日期内的任何一天。如果囚犯提出"今天不能执行绞刑，因为我已经知道了今天要被处以绞刑，按照法官的命令，今天就不能执行绞刑了"这样的反对理由时，行刑者可以回答说："要是这样的话，说明你还没有想到今天要执行绞刑，按照命令，你没有想到今天被处死，所以今天能够对你执行绞刑。"

148. 谁是司机

A 是司机。

149. 卡洛尔的难题

不能。由（1）知：标有日期的信——用粉色纸写的；由（2）知：丽萨写的信——以"亲爱的"开头；由（3）知：不是约翰写的信——不用黑墨水；由（4）知：收藏的信——不能看到；由（5）知：只有一页信纸的信——标明了日期；由（6）知：不用黑墨水写的信——做标记；由（7）知：用粉色纸写的信——收藏；由（8）知：做标记的信——只有一页信纸；由（9）知：约翰的信——不以"亲爱的"开头。

综上所知：丽萨写的信——不是约翰写的信——不是用黑墨水——做了标记——只有一页信纸——标明了日期——用粉色纸写的——收藏起来——皮特不能看到。所以，皮特不能看到丽萨写的信。

150. 皇妃与侍女

这 20 位皇妃都立刻杀了自己的侍女。

假设皇妃只有 A、B 两个人，A 皇妃肯定会想：B 肯定知道我的侍女是好是坏，如果我的侍女是好人，她肯定会杀了她的侍女，结果就会刊登在第二天的早报上。如果早报没有刊登这条消息，那么我就在第二天杀了我的侍女。……依此类推。到第 20 天，早报上仍没有刊登消息，那么所有的皇妃就都杀了自己的侍女。

151. 今天星期几

七个人的观点如下：

小红：星期一

小华：星期三

小江：星期二

小波：星期四、五、六或日

小明：星期五

小芳：星期三

小美：星期一、二、三、四、五或六

综上所知除了星期日外，都不止一个人说到，因此，今天是星期日，他们都可以睡一会儿懒觉。小波所说正确。

152. 谁是凶手

假设死者是自杀的。

甲说"死者不是乙杀的"就是假话，则是乙杀的。

乙说"他不是自杀"是假话，则"是甲杀的"是真话。

丙说"是乙杀的"如果是真话，那么"不是我杀的"就是假话，丙则承认自己杀了人。从以上分析结论是矛盾的，是不合逻辑的。

假设死者不是自杀。

甲说"死者不是乙杀的"是真话。

乙说"是甲杀的"是假话，即不是甲杀的。

丙说"不是我杀的"是真话。

既然凶手不是甲、乙、丙"所提及的人",那只剩下医生。因此,凶手就是医生。

153. 谁看了篮球赛

B 看了篮球赛。

154. 礼服和围巾

你只需要检查"2 件晚礼服、1 条围巾"的盒子里装的是什么物品,就行了。如果里面装的是 3 件晚礼服,那么"3 条围巾"的盒子里装的就是"2 件晚礼服、1 条围巾",另一个盒子里装的就是 3 条围巾;如果里面装的是 3 条围巾,那么"3 件晚礼服"的盒子里装的就是"2 件晚礼服、1 条围巾",那么另一个盒子里装的就是 3 件晚礼服。

第二部分　视觉思维游戏

155. 不可能的台阶

你会发现这个台阶并没有最低一级和最高一级的区分,它仿佛永远是走不完的,既不会太高,也不会太低,这就是为什么说它不可能的原因。"不可能的楼梯"由基因学家莱昂内尔·彭罗斯于 20 世纪 50 年代中期首先创造,之后它又为 M.C·埃斯彻尔创作经典相片"上升与下降"提供了灵感。

156. 流动的广场

这是经典的 Gurnsey-Morgan（人名）错觉。

157. 两只小花猫

看起来后面那只大些,实际上它俩一样大。这是空间透视感造成的错觉。

158. 波根道夫幻觉

红线与蓝线共线。这是 19 世纪经典的波根道夫幻觉的一个奇妙的变体。关于

这个简单的几何幻觉为什么会发生有许多种理论,但还没有一种理论提议对这种幻觉消失或存在的所有条件给出一个令人满意的论述。可能是你的视觉系统对斜线路径的解释能力非常差,虽然不知道为什么。

159. 连续线幻觉

也许你已经尝试了好几次,不过相信你没有多少次是能完整地跟踪下来的。这源于我们人的视觉系统追踪曲线路径的能力是非常差的。如果不用手指追踪,眼睛就不能确定纤细的线的相对位置,甚至演示这个任务都很难。

160. 路透斯沃德的不可能的三角形

这个不可能的三角形究竟是怎么回事？其实,造成"不可能图形"的并不是图形本身,而是人脑对图形的三维知觉系统,在把二维平面图形知觉为三维立体心理图形时,执行这一过程的系统机制会极大地影响你的视觉系统。

换句话说,一幅图像的某些二维结构元素和你三维知觉解释系统的某些结构元素相对应。二维直线被解释成三维直线。二维的平面被解释为三维的平面。在透视图像中,三角形的每一个顶角都产生透视,形成了三个 90° 的角。而且,每条边的距离变化不同。于是,当你把三个顶角合成一个整体时,就产生了一个空间上不可能的图形。

161. 三角形错觉

虽然紫色线看起来比红色线长,其实它们一样长。

162. 比泽尔德幻觉（1）

毫无疑问,两个大三角形分别是紫色和蓝色,两个小三角形的颜色呢,则是完

全一样的。也许对大多数人来说，它们看上去确实是不一样的，这是因为大三角形的紫色和蓝色影响了人们的感觉而已。

163. 比泽尔德幻觉（2）

试着完全遮住两个相邻长方形的交界处，此时两个长方形的颜色对比度看起来是一样的，然而它们确实是不同的。原因是我们的大脑对亮度上的强对比比较敏感，就像两个长方形之间的那条界线一样，当界线被遮住了，虽然看起来仍有一点点差别，但我们对这点差别是不够敏感的。大脑在理解颜色的时候会将背景也考虑进去。

164. 黑林图形

这是典型的"黑林图形"，由19世纪德国心理学家艾沃德·黑林发现的，因此而命名。图中的两条横线其实完全是笔直而平行的。

165. 这是圆吗

尽管看上去不太圆，但它确实是标准的圆形。不信仔细量量。

166. 巧去蓝点

用眼睛就可以了。

用眼睛盯着画像中心的蓝点，不要转移注意力，不要眨动，慢慢的你会发现蓝点不见了，这就是著名的填充幻觉。

你的视觉系统只对一个画面内的变化有反应。一个不断变化的刺激物比一个静止的物体更重要。你的眼睛不停地做着轻微的眼部运动，这样会帮助视觉画面不断发生变化而且可以被看见。蓝点逐渐融入绿色，因为没有眼部系统的参照物来调整眼部运动，而且稳定状态的刺激物逐渐被忽略，几乎任何不产生变化的刺激物最终都会被忽略。

167. 花瓶还是人像

你可以看到花瓶，当然也可以看到两个人头的侧面像。不同的花瓶，人头的侧面像也不同。让我来猜猜，你看这张图的次数也许很多了，但是，有一点不知你是否注意到：在任何时候，你都只能看见面孔或只能看见花瓶。如果你非要坚持继续看，图形会自己调换以使你在面孔和花瓶之间只能选择看到一种。奇妙吗？

168. 这是一堆什么东西

老实讲，紫色的东西也许没人能准确地判断出是什么，但是起码有人会知道这里还有一个英文单词 LIFT，你看到了吗？

169. 奇特的烤肉串

也许都痛苦，如果有这样的肉可以完全如图放在这样的架子上，你肯定可以卫生地吃吗？或者如果它保证足够好吃，也许这些都不用考虑了。

170. 长方形

不要盯着想了，还是动手量一量吧，你会发现这实际是一个正方形，虽然看起来很不像。

171. 这是直线吗

实际上这些线条是直线。之所以会产生弯曲的感觉，主要是由于交错排列的格子背景造成的。此图属于咖啡墙错觉的变体。不过这种错觉的原理尚在研究中。

172. 棒棒糖

红色的同心圆似乎是无休止的螺旋。这是弗雷泽螺旋的变体图形。

173. 算一算

先不要看解析，你算的结果是什么？再算一遍呢。事实上，对于这个简单的题大多数人都会算出错误的结果，并且有时会骗过银行出纳员和数学家。给周围的人试试看是这样吗？当然，记住一定在试过之后再看解析。这是一个奇妙的事先提供幻觉的好例子。

正确解析是：4200。

| 1000 |
| 40 |
| 60 |
| 1000 |
| 1040 |
| 1000 |
| + 60 |
| 4200 |

174. 直线还是曲线

竖线似乎是弯曲的，但其实它们是笔直而互相平行的，你可以用尺量一下进行验证。

175. 第三根手指

试着将手指逐渐移近脸部，会发生什么呢？你可以看到第四根手指吗？当然不会，如果你盯着手指看而不是墙，那么第三根手指的幻觉就会消失。

176. 三角幻觉

尽管端点看起来不能连在一起，但其实这是一个完整的三角形。

177. 霓虹水蛇

在色彩的相互影响下，反差错觉造成紫色区域似乎带了点儿蓝色的印象。你看到了吗？

178. 谁大谁小

仔细看图中的四个图形，似乎 D 比 A 亮，d 比 a 亮，而且看上去最远的那个方形体是最大的一个，但实际上这四个图形

A、B、C、D 或者 a、b、c、d 是完全一样的。你的眼睛又一次被欺骗了。

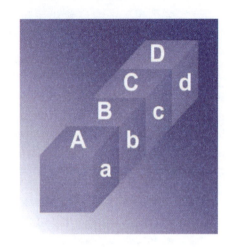

179. 博伊顿幻觉

大多数人觉得右边红色图形被蓝色的弯弯曲曲的线框住了。这就是博伊顿幻觉。曲线边缘颜色比红色图形边缘的颜色强烈得多，从远处看颜色较强烈的处于支配地位。

180. 虚幻的三角形

这是幻觉轮廓效应或主观轮廓效应。圆弧的端点消失在图形之中，但已被解读出来，这种解读是建立在判断它们的邻近终点成一直线的基础之上的。

181. 圆心在哪儿

在紫色弧线上。

182. 虚幻的球体

尽管没有边缘和阴影来明确表示这个球体，但是你还是能辨别出来。

183. 庞泽幻觉

五个圆看似不成一条直线，但其实它们完全在一条直线上。 这是庞泽幻觉的一个变体。

184. 高度 / 宽度幻觉

A 的高度与宽度是不一样的，但 B 的高度与宽度是相等的。你能想明白是什么道理吗？这是横条纹欺骗了你的眼睛。这个道理就和生活中穿衣服的方法一样，胖人热衷于穿竖条纹的衣服，而瘦人则喜欢横条纹，因为，竖条纹的衣服能使人显得更高更瘦，而对于胖身材的人，横条纹只会使"宽度"显得更加突出。

185. 脸部幻觉

这幅图的灵感来自英国视觉科学家彼得·汤普森创作的玛格丽特·撒切尔幻觉。图中小孩的嘴和眼睛是颠倒的。

186 买一送一

仔细看，其实一辆车横在另一辆车的上面，你看到了吗？

187. 圆形还是菱形

背景图形是不折不扣的圆形。因为图上方点的排列角度导致整体观察后，图形趋向于菱形。如果你试着把上方的点换换角度，你可以看得更清楚，如图：

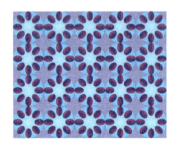

188. 移动的手

画中的手指相接了。

189. 智力测验

事实是：蓝方块儿比较大，而水平线本身就是弯曲的。如果你回答红、蓝方块

儿一样大，水平线是笔直的，你就上当了，因为这幅图根本没有幻觉。难道你还没有被视觉幻觉欺骗够吗？这个题也许能测一下你的智力水平，呵呵，开个玩笑。

190. 相撞的球

是的，不只你感觉到了，很多人也有这种感觉：左上方的小球似乎正在以很慢的速度但是却匀速地向右下方运动，同样的右上方的小球也在匀速向左下方移动，看样子不久它们就会在"x"处相撞，并伴随一些不大的响声。

但是两个球真的在动吗？

当然没有，它们是静止的，产生这种幻觉是因为你的视觉系统中包含一种特殊的东西能够帮助你把模糊的视觉印象变成清楚的。举个例子，如果给出一个模棱两可的刺激物，你的视觉系统就会自动找到一个合理的线索以便消除这种模棱两可。在这个例子当中，当给出一个两可的视觉刺激物时，你的视觉系统就会利用声音来消除模糊，然而，声音只有在"冲击"点上才会发出来，声音出现的太早或太迟，都不会引起你的知觉能力的太大变化。

191. 凝视的方向一致吗

莎莉和爱丽的眼睛其实是同一个人的眼睛，因此两个人凝视方向是一致的，产生幻觉的原因在于她们的身体与头部姿势发生了变化。

192. 谁更漂亮

这三张脸其实是同一个人。第一幅中的脸是其自身左脸和左脸的组合，第二幅是正常脸，第三幅则是右脸和右脸的组合。

大多数人的脸都是有些不对称的。你可能也发现了，实际上人的身体上有很多看似对称的器官其实都是不对称的，比如你的眼睛。你可能觉得对称的脸才真正好看，但如果真的对称，也只有少数人会这么幸运。

193. 六边形幻觉

不要被那些连接点的图形干扰，如果这些线相连，的确会形成一个正六边形，它们彼此相接的点被"三角形"给覆盖住了。意大利视力科学家华尔特·戈比诺创作了这幅幻觉画。

194. 疯狂的图形

这种模棱两可的图形由美国艺术家琼·米勒创作。

195. 粉色区域

似乎左边是粉色，右边是白色。但实际上左右两边都是白色。

196. 几种颜色

答案是几种？4种或者5种？实际上，图中只有3种颜色：蓝色、红色和紫色。其中一条看上去大红的，因为周围蓝色格子的映衬，所以看上去会更红一些。此图属于视觉侧抑制。

197. 流星箭矢

上方的箭似乎在向右移动，相应地，下方的箭似乎在向左移动。灰色线条造成了两条线的流动错觉。

198. 粉色竖条

颜色是完全一样的。此图也属于视觉侧抑制。

199. 哪个颜色更深

中间的灰色看上去显得更深些，但实际上它和周边的颜色一样。

200. 旋转（1）

其实它们都没有动。之所以会有动的感觉，是由于眼球的快速移动造成的，这样可以防止视觉疲劳，但同时也使我们产生了错觉。

201. 旋转（2）

这些圆柱其实也是静止的，但有旋转的感觉。

202. 转动的圆圈

圆圈在转动。错觉原理尚在研究。

203. 小美女美吗

多了一双眼睛，一个嘴巴，漂亮的美女的确让人头"晕"啊。

204. 哪个线段更长

AB 线段与 BC 线段是一样长的，只是箭头的内、外方向蒙蔽了你的眼睛，造成了视错觉。

205. 正方形还是长方形

看起来似乎高度比宽度大，其实是一样的。这是左、右的线条造成的视错觉。

206. 红色圆圈难题

或许你会发现这些：

（1）左边的红色圆圈比右边的红色圈大。

（2）左边的红色圆圈颜色和右边的红色圆圈颜色深浅度不一样。

但实际上，左、右两边的红色圆圈无论是大小上，还是颜色上都是完全一样的。

207. 散热器一样吗

散热器只是采用了不同的装饰而已，因此，右边那辆的车头显得有些高，其实它们的高度和宽度是一样的。

208. 两个椭圆一样吗

下面的外椭圆形与上面的内椭圆一样大，但是看来似乎内椭圆比较小。

209. 弧线比较

两个睫毛的弧度是一样的，虽然右面的弧线看上去比左面的弧线要短些，凸度大一些。

210. 长城明月夜

在向右方移动。

211. 被隔断的拱门

试着把右边的拱门延长与左边的线的顶端相接，你会发现其实它们是连在一起的，但是看上去却好像不是这样。

212. 线段比较

因为三角形背景的加入，视错觉导致判断错误，三段线段似乎长短不一，但实际长度是一样的，你可以用尺量来验证一下。

213. 如影随形的目光

这里的"秘密"就在于人像的黑眼珠正好在眼睛正中位置。你可能注意过：当一个人正面对着你并且注视你的时候，他的眼珠是在正中的；如果看旁边，他的眼珠则会偏向一边。现在这幅图中的头像是正面像，眼珠又在正中，所以无论你走到哪个位置，她似乎都在盯着你看。下次走到大街上看到有同样感觉的广告海报时，你可以试着观察一下对方的眼睛是不是这样。

214. 向日葵

图中的向日葵似乎在缓慢地转动，圆形周围的点加强了其转动的感觉。

215. 紫色直线

细细看，左边的紫色似乎比右边的紫色多带了些蓝色，是这样吗？当然不是，两边的线条颜色是完全一样的，这是背景颜色不同而造成的错觉。

216. 奥毕森幻觉

是正方形，多条射线扭曲了视觉。看起来置于前方的正方形有些变形了。它也算是黑林幻觉的一个变体。

217. 向前还是向后

马朝前。仔细看看这匹马的两只蹄子的方向，看到了什么？

218. 隐藏的图像（1）

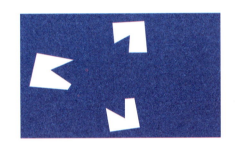

你会看到一个隐藏的三角形哦。

219. 隐藏的图像（2）

找对图像，你可以发现一个立方体图像。

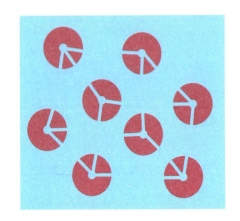

220. 流转鸡蛋

盯一会儿，你会发现蓝色部分在向红色部分转动。有规律的色差造成了流转错觉。

221. 同心圆

你会发现辐射线的数目增加了。如图:

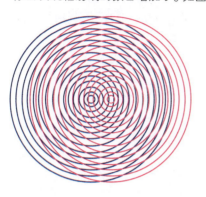

222. 哪个圆在上面

哪个圆似乎都可以在最上面,这是图形幻觉造成的。

223. 扭曲的绳圈

实际上这是两个同心圆。不信,你可以量一量。

第三部分　图形推理游戏

224.L 形格子

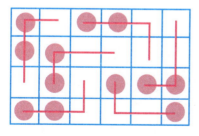

225. 找自己

C。

226. 变来变去

E。图的变化规律是:在横列上左格小兔的数量加上中间格的兔子是右格的数量。小熊的数量是左格的小熊减去中格的小熊,为右格小熊的数量。

227. 几个水龙头

A。只要打开一个水龙头就可以让水流到桶里了。

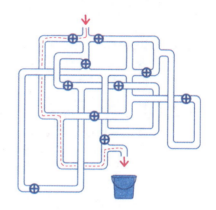

228. 棋盘

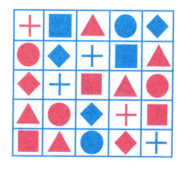

229. 多余的图形

D。如图所示:

230. 跳动的小格子

A。 ▨ 是以先往下移动,再往左移动的轨迹进行的。 ▨ 则每次都是横向移动一格，碰到边界的时候则往反方向移动。
■ 与 ■ 重叠在一起的时候会变成 ■。

231. 对称图形

D。

232. 彩色的布

D。因为题中已告诉我们是正方形的布了。

233. 小旗子的变化规则

A。小旗子是按照红、紫、粉颜色顺序排列的，而 D 的小旗子位置是错误的。

234. 移动扑克牌

只要把红桃 A 叠放在黑桃 A 的上面就可以了。

235. 水果荟萃

B。B 是 5 个，A 是 3 个，C 是 3 个，D 是 2 个，E 是 4 个。

236. 恢复图形

A。

237. 被穿起来的圆环

D。

238. 健康的食品

B。注意杯子里果汁的量。

239. 鸭子戏水

A。例题中是以一只黄鸭子然后一只白鸭子轮流逆时针的顺序出现在叶子上的。

240. 各色各样的人

A。其他 3 人头发颜色与衣服的颜色相同，只有 A 不同。

241. 一变三

利用 3 根火柴棒将长方形分成四等分就可以做出 3 个正方形。

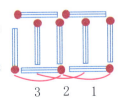

3　2　1

242. 不同的图形

A。其他选项的图形都是由直线构成的，而 A 则是由曲线和直线所构成的。

243. 小纸盒

D。不信你就折折看。

244. 相反的圆环

B。

245. 与众不同

B。其他选项都是由一个图形通过不同的旋转角度所得到的图形。

246. 不相称

D。因为 A、B、C 三个图形都是由逆时针折线组成的，而 D 则是由顺时针折线组成的。

247. 切分比萨

首先，在整个比萨中心至边缘二分之一处切一圆圈（见图），然后通过中心切出两条交叉线。

248. 拆分纸盒

D。

249. 相反的一面

A。

250. 多变少

如图所示，只要将图转 90 度就可以很容易得出答案了。

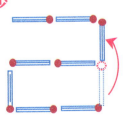

251. 三个骰子

B。骰子的正面与背面加起来是7，由此推出6点的背面应该是1点；而中间骰子与其他骰子接触面是正背面关系，所以它们之和应该是7；而最下面那个骰子跟中间骰子一样，与桌子接触面和与中间骰子接触面也是正背关系，所以之和也应该是7；所以得出1+7+7=15。

252. 变成什么

D。是不是很难回答呀，如果你跳着看的话就会发现，蓝色的正方形是以逐渐变小而且每前进一格旋转45度的顺序前进的；而红色正方形是以逐渐变大，每前进一格旋转45度的顺序前进的。

253. 双胞胎

1和5。仔细观察，你会发现，其他的牛都有细微不同。

254. 猜猜看

255. 该填什么牌

你仔细看可以看出，每一列的第一个数加上第三个数，然后再减去1，就是中间的数。

256. 穿过中心的圈

理论上是8个，2×2×2=8，但在书页之内只能画出7个。

257. 多余的小雨滴

最上面的紫色雨滴。因为其他的同色小雨滴都可以分别构成正三角形。

258. 字母谜题

a。因为它是黑白的，其他的都是彩色的。

259. 奥林匹克圆环

由线索（1）和（3）可知，黑色的圆环应该在上排中间或右边，但根据（2）黄色不能和红色或绿色的相连，所以黑色只能在中间了。同理可以推知蓝色圆环不会在上排右边，而是在上排左边。如图：

260. 连线谜题

261. 分蛋糕

沿着红线进行切割。

262. 饮料瓶

以 4 个瓶口为点形成一个正三棱锥。

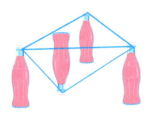

263. 还需多少个草莓

还需要 19 个。每行 12 个草莓，减去已有的数目，即为缺少的数目。

264. 车辆的摆放

D。此图的规律是对角线所放的图形是相同的。

265. 两只蝴蝶

B 和 F 完全一样。

266. 与众不同

B 和其他的不一样。注意到没有，它少了一个小辣椒。

267. 被网住的蜻蜓

C 和其他的不一样。仔细观察蜻蜓所对的蜘蛛网就会发现差别。

268. 需要多少种颜色

不要考虑得太复杂，只需要四种。不信，你就拿出地图试一下吧。

269、271. 测测记忆力（1）

270、272. 测测记忆力（2）

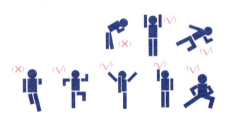

273. 放出蝴蝶

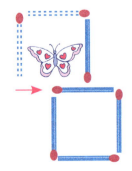

274. 变三角形

275. 找规律，选图形

C。由左向右每变化一个图形，顶点就少三个。

276. 划分线

277. 折叠后的样子

C。

278. 变正方形

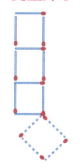

279. 立方体

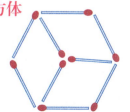

280. 搭房子

281. 变算式

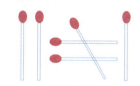

282. 立方体的切面图

D。除 D 以外，所有的图形都可从立方体中切割出来。

283. 分三角形

在大的正三角形之中，刚好有九个小的正三角形，你发现了吗？

284. 滚动的扇形

D。会变成两侧以 1/4 圆弧、中间部分以直线连接起来的轨迹。

285. 考眼力

A 与 D。

286. 绳子

只有 B 绳可以打成结，不信你可以用绳子自己试一下。

287. 走捷径

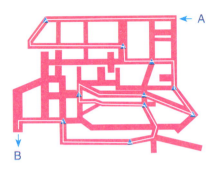

288. 4 个变成 3 个

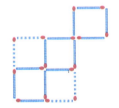

289. 雪花变菱形

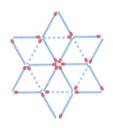

290. 换个方向

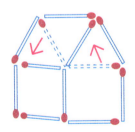

291. 天平

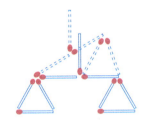

292. 迷惑的城堡

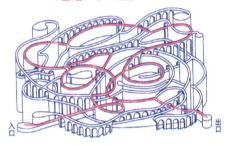

293. 涂色比赛

d。如果小明先涂 d，根据比赛规则，无论小强涂哪一块，小明还是有地方可涂。

294. 拼正方形

D。

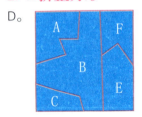

295. 调整算式

296. 多变的三角形

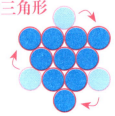

297. 拼图游戏

F。

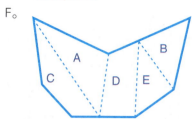

298. 正五边形

连接每一个顶点至另外一个顶点，所绘出的直线会产生出一个五角星，在这个五角星的正中央便会出现了一个倒立的小正五边形。如图：

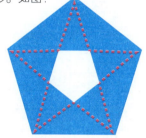

299. 找规律

B。以逆时针的方向移至下一边正中央。◻同样以逆时针方向移动到另一边的正中央。中间的◻与◻是交互出现的。

300. 十字架

301. 替代图

C。

302. 找出路

移动 2 支小旗。

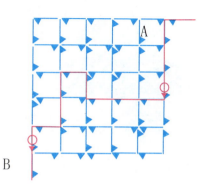

303. 迷乐园：

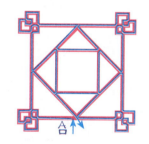

304. 游遍全国

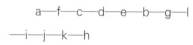
a—f—c—d—e—b—g—l—i—j—k—h

305. 一线牵

C。测测你的空间思维能力哦。

306. 奇怪的表情

A 与 F。锻炼你的观察力哦。

307. 难辨的圆环

A。提示：抓住一个特定的圆环的位置，能帮助你快速解答出本题哦。

308. 数个数

13 个。

309. 切点

需要 6 个圆。如图：

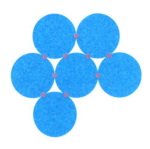

310. 画龙点睛

311. 火车调头

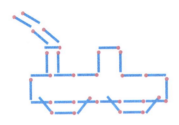

312. 对调彩笔

对调后，浅颜色的笔和深色的笔的数量有所变化：有 7 支浅色彩笔，6 支深色彩笔。

313. 走迷宫（1）

入口

314. 走迷宫（2）

315. 走迷宫（3）

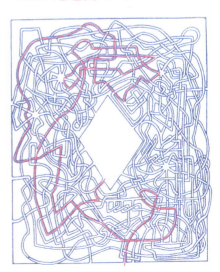

316. 几种方法

8种，见答案示例，从位于任意边角的方框中取出3根火柴棍，放入3处空白的地方。任意一个边角方框都有两种解决方法，一共是四个边角框。以下就是其中一个例子。

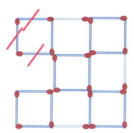

317. 变字

318. 找不同（1）

C。A和D、B和E都是阴影互补的一对。

319. 找不同（2）

B。其他选项都是旋转角度不同的同一个图形。

320. 找不同（3）

D。其他选项都是旋转角度不同的同一个图形。

321. 找不同（4）

E。只有这个选项里仅有两种图案带颜色，其他选项都有三种以上图形带颜色。

322. 找不同（5）

E。只有这个选项当中中间的方块为白色的。

323. 找不同（6）

E。只有这个选项中，左右颜色不对称。

324. 找不同（7）

D。只有此图是由5条线构成的，其他都是由6条线构成的。

325. 找不同（8）

A。其他选项都是旋转角度不同的同一个图形。

326. 找不同（9）

C。只有这个图形的上下不对称。

327. 找不同（10）

E。其他选项的数字都是其所在字母表中的位置序号的两倍。如4是B（2）的两倍，而32不是Q（17）的两倍。

第四部分　数字思维游戏

328. 一定是女儿吗

不对。因为第六个孩子的性别和前五个孩子的性别完全无关。所以，史密斯先生和史密斯太太第六个孩子是男孩的概率仍是1/2。

329. 四只鸭子的性别

让我们来检验它的理论。用B表示公鸭，用G表示母鸭，这就很容易列出16种同等可能的情况。在16种中只有两种是所有鸭都具有同样性别，所以，这种情况发生的概率是2/16，或1/8。鸭爸爸认为这种情况具有最低概率是对的。

现在，让我们检验一下一半一半的概率，鸭爸爸认为这是可能性最大的一种。这种情况有6次，所以其概率是6/16，或3/8。这显然比1/8高。鸭爸爸也许是对的。

可是，我们还有一个更大可能的情况要考虑：3∶1分配，由于这种情况有8次，其概率是8/16，或1/2。这就比2∶2分配高。因此，鸭爸爸的推论就不科学了。

330. 看哪个妹妹

尽管所有的列车都隔十分钟到站，可是运行时刻表编得使北去的列车比南去的列车总是晚到一分钟。

为了赶上北去的列车，哥哥必须在一分钟间隔内的某时到达。要赶南去的列车，哥哥只需在九分钟间隔内的某时到达。显然，向北去的概率只有1/10，往南去的概率则是9/10。

331. 哪一种推断更准确

为了解决这个问题，我们列出全部可能的情况，它是六种而不是四种。按三个球接近立柱的次序，使最近者在前，列表如下：

A B C
A C B
B A C
B C A
C A B
C B A

在六种情况中有四次是女孩赢。这就证明了第一种观点是对的，女孩赢的机会是 4/6 = 2/3。

332. 三个碗的骗局

在盖尔选出了一个空碗之后，至少有一个剩余的碗肯定是空的。由于操纵者知道他把骰子放在哪一个碗下面，他就总能翻开一个空碗。因此，他这样做对于盖尔修改他挑到正确碗的概率没有增添任何有用的信息。

如果允许盖尔取出要翻的碗，并要求翻开的是空的，那么他取得有骰子的概率就会从 1/3 变到 1/2。

333. 赌场老板赚钱揭秘

看似公平，其实赌徒常常忽略一个现象：在每摇一次笼子之后，操纵者就可从三个输家手中赢三块钱（假定每次赌一块钱），付给三个赢家。可是，常常会有两个或三个骰子上显出同样的数，这时赢家只得到一块钱。如果有两个骰子是同一个数，那么他收进四块钱，付出三块线，赚回一块钱。如果有三个骰子是同样的数，则他就收进五块钱，付出三块钱，赚回两块钱。正是这些双重数和三重数使赌场老板赚了大钱。

334. 鸽子的雌雄概率

当这个人问是否有一只鸽子是雄的时候，有三种可能的情况要考虑到。其中只有一种是两只都是雄的，所以这种情况的概率是 1/3。

可是，在这个人问白鸽子是否是雄的时候，就只有两种情况要考虑了。其中一种是两只都是雄的，所以这种情况的概率是 1/2。

335. 怎样分汽车

其实想解决这个问题有一个很简单的方法：就是假设这里有 12 辆汽车。其中的一半分给长子，也就是 6 辆。老二得 12 辆的 1/4，即 3 辆。小儿子得到 12 辆的 1/6，即 2 辆。6 加 3 加 2 正好是 11 辆。还余下 1 辆正好是我们假设的。

336. 双赢的赌局

如果我们做出一个明确的假定来准确地限定条件，它就是一个公正的比赛。当然，如果我们已经得知比赛中的一个人总爱带较少的钱，那么我们就知道这个比赛是不公平的。如果无法得到这类消息，我们就可以假定每一个比赛者带有从 0 到任意数量（比如说 100 元）的钱。如果我们按此假定构成一个两人钱数的矩阵（这是克莱特契克在他的书中列出的），我们就可看出这个此赛是"对称的"，不会偏向任何一个比赛者。

可惜，这里不可能告诉我们上面两个比赛者的想法错在哪里。至今也没有找到一种方法能够以比较简单的方式澄清这个问题。

337. 很怪的巧合

其实道理很简单，假定姑娘们的车上有 4 个小伙子，小伙子的车上必定有 4 个姑娘，因为车上的座位数是相等的。其他数目，道理一样。

338. 哪只手表更准时

一天慢一分钟的那只手表每两年才会走准一次，而不走的那只表每 24 小时就会走准两次时间，所以答案当然是不走的那只表报时更准喽。

如果你很怀疑这个答案，你可以证实一下。不过，你可得有心理准备能等候那不短的时间，因为一天慢一分钟的那只手表，要在慢了 12 小时时才能走准一次，这中间就需要 720 天的时间。

339. 究竟赚了多少钱

不可能说出画家"实赚"多少，因为问题的陈述中没有说那幅画原来的"成本"是多少。我们且不管画家作画耗费时间所付出的代价，而只假定说他作画时使用的材料，如画架、画布和颜料等总共花费了 20 元。经过三次倒卖之后，画家得了 110 元。如果我们把"实赚"定义为他的材料用费与他最后得到的钱数之差的话，那么

他赚了 90 元。

由于我们不知道材料的成本费是多少（我们只是假定了一个数值），故无法计算实际赚钱究竟是多少。这个问题看起来是一个算术问题，但实际上它是关于"实赚"的意思是什么的争论。

340. 能否赢过乌龟

按照悖论关系来推断，阿桑永远也不会赢得比赛，除非他能和乌龟同起点同时起跑。因为，按照两个人的起跑位置推断，当阿桑跑到乌龟托特原来所在的 B 点时，乌龟已经向前爬到了 C 点，但是当阿桑再次跑到 C 点时，乌龟早就又爬到前面去了。只要阿桑一到乌龟原先所在的地方，乌龟就会已经跑到前面一截了。想想照这样推算，阿桑总是落后于乌龟托特的，他又怎么会赢呢？

当把时间和空间看成是由一连串的离散点组成，就像一串念珠前后相连那样时，会引起令人迷惑的结果。

在这个题目中，我们必须把两个跑步参与者都等价地看作沿一条直线作匀速运动的点。当一个人试图把直线分为若干分离的点，这些点一个个依次往下排列，同时再把时间分成前后相随又互不重叠的间隔，并以此来说明运动时，会碰到怎样的困难。

341. 开着还是关着

电灯按钮每按奇数次，就使电灯打开。每按偶数次，就使它关掉。如果电灯最终是开着，则意味着最后的计数是奇数。如果最终灯灭了，则表示最后一次是偶数。但是根本不存在最后一次这个数，因为开关过程从理论上讲可以永远进行下去。因此无法知道究竟灯是开着还是开着。

342. 有多少只白鼠

会有 233 对白鼠。

刚开始笼子里只有一对白鼠，也就是最初的白鼠对。一个月后，笼子里依旧只有一对白鼠。第二个月，这对白鼠生下第一对后代，于是第二个月末，笼子里总共有两对白鼠——最初的一对白鼠和它们的第一对后代。

一年后笼子里有多少对白鼠：

刚开始	1 对
1 个月	1 对
2 个月	2 对
3 个月	3 对
4 个月	5 对
5 个月	8 对
6 个月	13 对
7 个月	21 对

……

你有没有发现一个好玩的规律？笼子里白鼠的对数都等于它前面两个月对数之和。推到最后到第 12 个月，就成了 233 对。

343. 什么时候戒烟成功

40 天。

每根烟只抽三分之二，所以每次抽烟他都会留下三分之一长的烟蒂。也就是说，他每抽 3 支烟后可以将剩下的烟蒂重新卷成一支烟。开始时，鲍勃手中有 27 支烟，于是将产生 27 支烟蒂，用这些烟蒂可以新造出 9 支烟：27÷3=9。这 9 支新的烟又会产生 9 支烟蒂。用这些烟蒂，鲍勃又可以新造出 3 支烟：9÷3=3。最后，这 3 支烟又可以产生 3 支烟蒂，最终他又可以卷出一支烟。

所以鲍勃总共抽的烟是 27+9+3+1=40 支。因为他每天只抽一次烟，所以，当鲍勃要戒掉这个坏习惯时，总共需要 40 天。

344. 有多少件礼物

有 59 件礼物。

在 50~60 件礼物中，"每次数 3 件，会余下 2 件"这句话可以理解成：50~60 这些数中，若被 3 除，余数为 2，同理"每次数 5 件，会余下 4 件"的意思是若被 5 除，余数为 4。同时满足这两个条件的，就是玛丽所得到的生日礼物数。因此，59 才是我们想要找的数。

345. 混合液中有多少蜂蜜

C 瓶里有三分之一的蜂蜜。

本题可以通过画示意图帮助思考，用这种方法会很容易推断出来。

346. 生日聚会

10 人。

假设参加聚会的人的人数为 x，每个人都有与除了自己之外的人握手。又因为，甲、乙相互握手的次数是两次，所以总共握手的次数是 $x(x-1)/2=45$。答案为 x=10。

347. 赛跑比赛

不能，还是甲先到达终点。

因为当甲跑完 100 米的时候，乙才跑 90 米，所以甲在起跑线退后 10 米的地方起跑，到达距终点还有 10 米的地方时，这时的甲实际上已跑了 100 米，乙则跑了 90 米，也就是说两人同时到达 90 米线。那么，现在距终点还有 10 米，因此肯定还是甲先到达。

348. 薪金高低

选择乙公司更合适。

我们先来算一下年收入：

第一年：甲公司 10 万元；乙公司 5 万元 +5.5 万元 =10.5 万元

第二年：甲公司 12 万元；乙公司 6 万元 + 6.5 万元 =12.5 万元

通过比较，还是乙公司的收入更高些。

349. 跳绳比赛

D 组实力最强，B 组第二，A 组第三，C 组最弱。

因为 A + B = C + D，C + B < A + D，A < B，C < B；可得：A + B − C = D，B + C − A < D；所以，C < A，B < D。

350. 鲜花的价格

妻子起先买了 16 支花，但老板又加给她 2 支，所以妻子总共买了 18 支花。

351. 分开吃肉的游戏

由已知事实可得出下面的结论：

史密斯吃牛肉的速率为 10 星期吃一桶，因此他将用 5 星期吃完半桶。在这段时间内，他夫人（吃猪肉的速率为 12 星期吃一桶）将吃掉 5/12 桶猪肉，这就留下 1/12 桶猪肉让他们夫妻合吃，其速率为 60 天吃完一桶。因而他们将用 5 天时间把猪肉统统吃光，于是总时间为 35 天再加上 5 天，即一共需要 40 天。

352. 枯燥的演讲

36 位听众。

假设原先有 x 位听众，则有

$$\frac{x}{2}+\left(\frac{x}{2}\times\frac{1}{3}\right)+\frac{1}{4}\left[\frac{x}{2}-\left(\frac{x}{2}\times\frac{1}{3}\right)\right]+9=x$$
$$x=36$$

353. 露西小姐的年龄

露西小姐 24 岁，她的小弟弟麦迪因此只有 3 岁。

354. 分野果

根据题中给出的野果分配数据，女孩的年龄之比应为 9：12：14。因此，770 颗野果的分法如下：最小的妮妮分到 198 颗，莉莉分到 264 颗，而最年长的苏珊分到 308 颗。至于她们的确切年龄，那是无法判定的。

355. 三个乞丐

这位大发善心的妇人开始时口袋里有 42 元。

356. 爬楼梯

第九层。因为当晖跑到第四层时，光跑到第八层。

357. 过桥

假设四个人分别是甲、乙、丙、丁。甲、乙一起过桥用 4 分钟；乙留在桥那边，甲返回用 3 分钟；丙、丁一起过桥用 9 分钟；留在桥那边的乙返回用 4 分钟。甲、乙一起过桥用 4 分钟，一共是 4+3+9+4+4=24 分钟。

358. 开始的时候有多少

每个孩子手中有 100 粒弹子。

359. 隐藏在儿歌里的谜题

共有三个男孩，三个女孩。他们每人得到一块一个铜板可买两块的面包和两块一个铜板可以买三块的面包。

360. 有几只猫

不要被这一长串的叙述所迷惑，其实一共就有 4 只猫。仔细想想看，你会恍然大悟。

361. 分桃子

给 4 个小朋友每人各一个，留下来一个就放在桌子上给第 5 个小朋友。

362. 愚蠢的厂长

任何一种新发明的机器都不可能 100% 的节省燃料，因为机器在工作的时候就必须要消耗能量。如果单独使用每一种机器可以节省一定量的燃料，并且这种节省是与其他两种机器无关的话，那么三种机器同时使用是可以比使用一种机器节省更多的燃料，但不会节省 100%。

363. 半个苹果

7 个。

单数的一半再加上半个，正好是整数，可取 3、5、7。但 3、5 不符合条件，所以可以推断出苹果的总数一共有 7 个，其中 4 个被藏在屋子的东面，2 个被藏在屋子的西面，1 个被藏在冰箱里。

364. 藏在盒子里的玉壶

408，418，428，438，448，458，468，478，488 和 498。

黑猫警长注意到，和的十位上的数字与第一个加数的十位上的数字相同，这就要求个位上的数字相加一定要向十位进 1，1 与第二个加数 396 十位上的 9 相加得整数 10 向百位进 1，所以和的百位上的数字一定是 8，而它的十位上的数字从 0 到 9 都符合条件，因此，藏有赃物的另外 9 个骨灰盒是：408，418，438，448，458，468，478，488 和 498。

365. 凶案发生时间

作案时间是 12 点零 5 分。

这是个看起来复杂其实很简单的问题。计算方法很容易，从最快的手表（12 点 15 分）中减去快的最多的时间（10 分钟）就行了。或者将最慢的手表（11 点 40 分）加上慢的最多的时间（25 分钟）也可以得出相同的答案。

366. 多少条鱼

12 条。

鲤鱼一共 12 条，除去被吃掉的 1 条，还剩下 11 条。观察价格，你就会发现青鱼、刀鱼和鳜鱼的价格都是 13 的倍数，也就是说，无论这三种鱼买多少条，其价格总和也将是 13 的倍数。

用鲤鱼的价格 170 除以 13 的余数是 1，也就是说，每买一条鲤鱼剩 1 元。用 3600 除以 13，余数是 12，说明鲤鱼一共有 12 条。

367. 元钱去哪了

原来 1 个鸡蛋可以卖得 1/3 元，1 个鸭蛋可以卖得 1/2 元，但是混着卖之后平均 1 个鸭蛋或者鸡蛋都卖得 2/5 元钱。因为 (1/2+1/3)−2×2/5=5/6−4/5=1/30。

混卖后所得就减少了 30×1/30=1（元）。

368. 两个小孩

这个等式是 9×9=81，但从不同的方向看就会看出不同的答案，另一个小孩看的就是 18=6×6。

369. 半价

不能答应。假设两匹布值 20 元钱，一匹布就值 10 元，如果是半价，那两匹布就只值 10 元钱，一匹布也就值 5 元。5 元钱是不能抵消两匹布的半价的 10 元钱的。

370. 多少个孩子

3 个孩子。

因为孩子性别比例永远都是 1:1:1，因此，在法律颁布以后，每个母亲必然仍拥有 1 个双胞胎，而为了保持三种孩子性别之间的比例保持不变，男孩和女孩的平均数也必须是 1 才行。因此，每个母亲平均拥有的小孩数目是 3。

371. 称重量

从 6 个瓶子里分别取出 11、17、20、22、23 和 24 粒药丸来，然后放在一起称一次就可以知道问题出在哪几瓶了。比如：称量之后超重 53 毫克，而这 6 个数字能构成 53 的组合只有一种，即 11+20+22。因此，可以知道问题就出在第 1 瓶、第 3 瓶和第 4 瓶。

372. 国际公寓的机器人

80 只绿眼睛代表着 40 个机器人，紫眼睛的数目是绿眼睛的数目的一半，有 20 个机器人。81 减 60 就是 21。因为黄眼睛的机器人多于 3，少于 12，因此，在国际公寓里住着 7 个黄眼睛的机器人。

373. 巧填数字

对 5568 进行因数分解。

得到 $5568=2^6 \times 3 \times 29$。

用删除法进行分解组合得到唯一答案：

$174 \times 32=96 \times 58=5568$。

374. 找规律，填数字

1 和 9。数字的组合规律为：

B+D=E； E−A=C 。

375. 猜数字谜语

A=4， B=9， C=5。

376. 巧填算式

（1）5+6×7+1+2−3=4=51

（2）6×7+1+2−3+4+5=51

（3）2+3×4+5×6+7×1=51

377. 填数字

6	2	9	3	7
3	7	6	2	9
2	9	3	7	6
7	6	2	9	3
9	3	7	6	2

378. 有趣的平方

仔细观察这些数字，你就会发现规律：

11111×11111

=123454321

111111×111111

=12345654321

1111111×1111111

=1234567654321

11111111×11111111

=123456787654321

111111111×111111111

=12345678987654321

379. 移卡片

把卡片 8 和卡片 9 对调一下，同时把 9 倒过来变成 6，这样两个式子的和就都等于 18 了。

380. 魔术师的新招

魔术师是根据奇偶规律来判断的。假设 5 分（奇数）在右手，2 分（偶数）在左手，奇数乘 3 仍是奇数，偶数乘 2 仍是偶数，奇偶两数之和是奇数。

假设 2 分（偶数）的硬币在右手，5 分（奇数）的硬币在左手，偶数乘 3 仍是偶数，奇数乘 2 也是偶数，两个偶数之和当然是偶数。

381. 慢了的老挂钟

19 分钟。

挂钟在四个半小时内一共慢 18 分钟。在 10 点的时候，挂钟显示的是 9 点 42 分，离 10 点还差 18 分钟，而在 18 分钟内它还会慢 1 分钟。所以要走 19 分钟，挂钟的时针才会指向 10 点。

382. 买铅笔

两用铅笔和自动铅笔的数目，普通铅笔和彩色铅笔的价格，都是 4 的倍数。因此，全部铅笔的共计算金额也应该是 4 的倍数。但 9.10 元这个数字不能被 4 整除，这说明共计金额中有误。

383. 门牌号码

因为：

1+2+3+4+…+138+139+140=70×141，得到 9870（共 70 对，每对之和是 141）。

又 9870+141=10011，除了晶晶外，其余的门牌号码加起来正好等于 10000。

所以，10011−10000=11。

武汉大街上共有 141 个门牌，晶晶家住在 11 号。

384. 跳跃比赛

麋鹿跳 33 下后只有 99 尺，所以必须跳 34 下，越过终点 2 尺后才能回头，即往返需要跳 68 下。而羚羊跳 50 下就正好达到终点，往返共计 100 跳。

385. 装水

先从大桶中倒出 5 升水，再将 5 升水倒入 9 升的桶中；再用 5 升的桶从大桶里装出 5 升水，接着把其中 4 升装入 9 升桶中将 9 升的桶灌满，这样 5 升桶中仅剩 1 升水。再将 9 升水倒回大桶里，大桶里还有 11 升水，将 5 升桶里的 1 升水倒进水倒进 9 升桶中，再从大桶里倒出 5 升水到 5 升桶中，再将其装入 9 升桶里，大桶和 9 升桶里就都各有 6 升水了。

386. 梯形数塔

各行所乘的数是 9，各行待加的数字分别为 7、6、5、4、3、2、1、0。

387. 7 等于几

7 = 1。因为 1 = 7，7 自然就等于 1 了。

388. 添一笔

只要在其中一个"+"号的上面加一撇，把"+"变成 4，就可以了。

389. 三个 6

6 + 6 ÷ 6 = 7

390. 六个 9

99 + 99 ÷ 99 = 100

391. 神奇的数字"4"

0 = 4−4
1 = 4 ÷ 4
2 = (4+4) ÷ 4
3 = 4−(4 ÷ 4)
4 = 4
5 = 4+(4 ÷ 4)
6 = [(4+4) ÷ 4]+4
7 = (44 ÷ 4)−4
8 = 4+4
9 = 4+4+(4 ÷ 4)
10 = (44−4) ÷ 4

392. 观察数列

每一项都是描述它的前面一个数字："12"意味着一个 2；"1112"意味着一个 1 和一个 2；"3112"意味着三个 1 和一个 2，那么，最后要填写的就是 132112。

393. 怎样使等式成立

1+2+3−4+5+6+78+9=100

394. 几岁了

是 20 岁，因为 210 等于 1 岁到 20 岁之间的全部数字之和。

395. 有几只猫

有两个可能的答案：7 只小猫或 5 只小猫。

因为猫妈妈还剩下 2 条命，小猫们一定要分配剩下的 23 条。一种情况是 7 只小猫，其中 1 只小猫还剩 5 条命，6 只还剩 3 条命；另一种情况是 5 只小猫，其中 1 只还剩 3 条命，4 只还剩 5 条命。

396. 填数字

1。

每一横排和每一竖列的所有数字相加，和为 10。

397. 篮球淘汰

46 场比赛。

在一次淘汰制的篮球锦标赛中，每场比赛都有一支队伍被淘汰。因此，如果 47 支球队中只有一个冠军，那么 46 支队伍必须在锦标赛过程中被淘汰，所以必须进行 46 场比赛。

398. 黄色的花和白色的花

只有一朵。通过题中的信息可以知道，如果可能有两朵白花，那么就有可能同时摘下两朵白花，因此只有一朵是白花。

399. 会议室里的人

3 把凳子、4 把椅子和 7 个人。

每把有人坐的凳子，有 5 条腿：三条凳子的腿和两条人腿，而每把有人坐的椅子有 6 条腿。所以，5× 凳子数 +6× 椅子数 =36。由此，可以解出答案。

400. 赌命

结果只能是大家一起死。无论怎样拿 1 号都是得死的，所以他要拖人下水，1 号会拿 20 个，结果是前 4 个都拿 20 个，最后一个人拿几个都一样，大家一起死。

401. 惊人的数字

至少要 3 年以上。

1 亿枚硬币，按 1 秒钟一枚的速度来计算，就是不吃饭不睡觉地数下去，1 分钟也就数 60 枚，1 小时数 60×60=3600 枚，一天数 3600×24=86400 枚，一年数 86400×365=31536000 枚。那么 100000000÷31536000=3.17 年。

402. 卖衣服

赔了 50 元。

先算出原价一件是 500 元，一件是 750 元，共 1250 元。他只卖 1200 元，赔了 50 元。

403. 什么鸟

大雁。有 5 只，排成的是"人"字形。

404.6 人吃桃子

用 6 分钟。

405. 鸭子下蛋

六天生 4 个蛋。

三只母鸭 1.5 天正好生 3 个蛋，那么一只母鸭 1.5 天生 1 个蛋，三天生 2 个，六天生 4 个蛋。

406. 看谁思维快

把纸倒过来。

407. 书还有多少页

还剩 142 页。因为剪 60 页的同时也带着另一面的 59 页，同理，剪 95 页也带着第 96 页。一般书的正面是单号，背面是双号。

408. 潮起潮落

还是老样子，因为水涨船高。

409. 船主的年龄

你是船主，你多大，船主就多大。因

为开头就告诉你了：你有一只船。

410. 打了几只野兔

0 只。6 只没头的是 0 只，9 只没尾巴的是 0 只，8 只半个也是 0 只。

411. 想一想

1961 年。

412. 一家人

4 个人。兄妹二人，一人有一子，一人有一女。

413. 数字卡片

129，把 6 变成 9，2 和 1 对调位置。

414. 青蛙几次跳出井底

青蛙跳不到井外。因为它每次跳起后还是落到了井底。

415. 吃掉几只羊

吃掉了 11 只羊。要把被狼披着羊皮的那只羊也要算进去。

416. 是多少度的角

还是 45°。角的度数是由角的两边张开的大小决定的。原来 45°的角经过放大镜放大后是角的整体放大了，并没有改变角两边张开的大小，所以还是 45°。

417. 绑架阴谋

1/4。4 道激光束共有 16 种可能的组合。其中 4 种可以形成能量场，把此人围住。

（1）左、左、左、左

（2）左、右、左、右

（3）右、左、右、左

（4）右、右、右、右

所以成功的概率是 1/4。

418. 乘积

结果是 0。因为式子里有一个（y-y）。

419. 概率是多少

概率为 100%。因为任何一个数除以 9 所得的余数正好等于组成这个数的所有数字相加再除以 9 的余数，而 1 ~ 8 之和是 36，除以 9 的余数为 0，所以怎么摸，都能被 9 整除。

420. 古老的算题

15 只鸡；15 只兔。鸡脚加兔脚是 6 只，因为头数相等，所以 90÷6=15。

421. 鬼子和狗

鬼子：$(360×4-890)÷(4-2)=275$（个）

狗：$360-275=85$（条）

422. 妈妈的话

可信。一张纸连续对折，它的层数按下面的规律递增：2、4、8、16、32、64……对折 30 次的层数是 230，大约是 10737.4 米，超过了珠穆朗玛峰的高度。

423. 男生、女生

晚会来了 13 人。女生有 4 人。李磊是男的，王平是女的，他们都没有算自己。

424. 蚂蚁调兵

14641 只。

第一次：1+10=11 只

第二次：11+11×10=121 只

第三次：121+121×10=1331 只

第四次：1331+1331×10=14641 只

425. 解密码

不吃、不喝、不睡至少需要 276.5 天。

这是个排列组合题，5 个圈上的字母全部组合一遍，次数是 24^5，即 7962624 次，最快的操作以每次 3 秒钟计算，也需要 276.5 天。

426. 所有无理数的和

是 0。因为一个正的无理数都有相应的负无理数。

427. 兄妹俩上学

10 分钟。

假如妹妹早走 10 分钟，两人同时到学校。妹妹早走 5 分钟，哥哥在路的一半处追上妹妹，他用的时间是自己全部时间的一半，也就是用 10 分钟追上妹妹。

428. 猜猜这个数

504。

429. 彩色手套

3 只手套。

不要以为要取 12 只手套！注意题目中并没有限定是一副红色手套，它只要求取出两只颜色相同从而能配对的手套。如果取出的头两只手套不能配对，那么第三只肯定能与头两只手套中的一只配对。

430. 放方糖

这道题目有很多种不同的答案，但玩儿的都是同样的花招。例如，放七块糖在一只杯子中，两块在另一只杯子中，一块放在第三只杯子中。现在把最后一只杯子放进第二只杯子中，这样第二只杯子就有三块糖了。

431. 这位老人的年龄

这位老人活了 59 岁。注意哦，并没有公元 0 年哦！

432. 艰巨的任务

能，最少需要 3 人。送法如下：3 人同时出发，同吃第一个人的食物，共同走 2 天后，第一个人只剩下 2 天的食物，这些食物正好够他返回时吃。第二个人和第三个人再共同前进 2 天，吃第二个人的食

物，这样第二个人又只剩 4 天的食物，又正好够他返回时吃。这样，第三个人还有 8 天的食物，正好够他穿过平原雪地所剩下的 8 天路程。

433. 问号代表什么数字（1）

10。看出规律了没有？很简单，下面的数是上面数的 5 倍。

434. 问号代表什么数字（2）

24。上面两个数的差乘以下面两个数的和，等于中间的数。这个规律你看出来了没有？

435. 问号代表什么数字（3）

5。规律是：菱形的左、上、右数字相加减去下面角的数字就是中间的数字。

436. 哪个数字与众不同

11。其他的数都可以被 7 整除，唯独 11 不可以。

第五部分　有趣的难题

437. 可望不可即的铅笔

那是因为当你靠墙站直时，身体的重心就在你的双腿以上，当身体向前倾斜时，重心也就跟着向前移动。为了保持身体的平衡，你的腿必须向前迈，否则人就会跌倒。所以你如果想脚不动腿不弯就拾起这支铅笔，那你就只能啃泥巴啦。

438. 不信，就跳一下

想跳起来必须把身体的重心下移，但是游戏里已经限定了你不能这么做，所以，想跳一下都成了不可能。

439. 右脚怎么了

这也是身体的重心在作祟，题目的限定让你的身体重心落在了右脚上，所以，

想符合题目的要求，右脚就没有办法抬起来了。

440. 帮助妈妈赢爸爸

原来是爸爸的脚大，妈妈的脚比爸爸的脚小，这就是最大的奥秘！因此，当爸爸距墙四脚长的距离时，弯下腰他的重心会远离身体支撑点，而妈妈的身体重心距支撑点要近得多。这样爸爸的力气再大也赢不了妈妈。

441. 能向后却无法向前

如果想向前跳跃成功，重心必须比支撑部分先移动，而你双手抓住脚趾，向前一跳就很可能摔跟头了。而向后跳时，双脚首先离地，支持点和重心依然保持平衡。因此，能向后却无法向前。

这个游戏可以请小伙伴来做，他肯定做不到。

442. 屁股被椅子黏上了

你觉得屁股被黏住的原因是因为你坐着的时候，身体的重心就在脊椎的下方，如果想保持上身直立而从椅子上站起来，就必须把身体重心移到小腿以上。

443. 踮不起脚

这是因为，要踮起脚来，就必须使身体的重心向前移动，而门又挡住了你，使你无法踮起脚。

444. 以弱胜强

很简单，为了使双拳保持并在一起的位置，对方就必须在上下用力，而你是向左右的方向把双拳分开，所以，他即使再

大的力气也用不上力。

445. 以一胜三

因为四个人用力的方向并非相反，也不在同一平面上，所以，下面的那个人只要轻轻一推，就能使竹竿远离目标。

446. 一次撕不开的纸片

因为纸是在最薄弱的地方被撕开，纸上的四个剪口就是最薄弱点。虽然四个剪口看来一样，但实际上是不可能剪得完全一样的。当你把纸向两边拉时，四个剪口中较为薄弱的那个剪口首先受力开裂，所以同时撕下五片是完全不可能的。

447. 撕纸片游戏

不能。因为纸巾纤维是有方向的，当你顺着纸的纹路撕纸的时候，纸就沿着纤维走向裂开，成一条直线；而当你不顺着纹路撕时，哪里是薄弱点，纸就在哪里裂开，且因为不顺纹路形成了一个不规则的裂口，所以无论如何也撕不出与刚才那条直线相垂直的裂口。

448. 不会爆炸的气球

透明胶带比较坚固，它可以抵住压缩空气冲出造成的压力，所以用针扎贴着透明胶带的地方，气球不会"啪"的一声爆炸。

第六部分 探索思维游戏

449. 小偷和警卫

愚蠢的警卫忘记了钻石是世界上最坚硬的物品，小偷只要用钻石就可以划开玻璃，轻松逃走。而且警卫也许是心急了，

花岗岩底座怎么可能砸碎坚硬的钻石呢？

450. 会说话的太阳帽

美国人忌讳黑猫，尤其是大眼睛的黑猫。因此，那位年老的女游客根本不会买黑猫太阳帽，那个店主显然在说谎。

451. 聪明的特工

细心观察对特工来说是最重要的，有时能够挽救自己的生命！

闹钟一般都在指针上涂有荧光粉，方便晚上醒来的时候察看时间。如果长期不用的话，荧光会非常暗淡，甚至看不到。而刚刚被台灯光线照射过的荧光则非常明亮，所以凯乐一进门，看到荧光很明亮，就知道有人来过了。

452. 偷古钱的凶手

猫头鹰抓住小鸟或老鼠后是整个吞食的，然后再把消化不了的骨头吐出来。格罗德在食饵肉中夹上3枚古钱喂了猫头鹰，猫头鹰是整吞的。第二天早晨，猫头鹰吐出不消化的古钱，格罗德将它们藏起来，然后再杀了猫头鹰，并剖腹检查好证明自己的清白。

453. 露馅的英雄救美

问题出在眼镜上。那个身强力壮的人打了年轻人的右胸，居然没有把他放在右胸口袋里的眼镜打破，这明显就是在演戏嘛。

454. 特工和方向

杰米身在新西兰。在地处北半球的夏威夷，水流旋涡是由左向右的；而在地处南半球的新西兰，水流旋涡是由右向左的。

水的旋涡受地球自转的影响，北半球水的旋涡是由左向右顺时针旋转，南半球则相反。这个案例告诉我们，要成为一名优秀的特工需要有多么丰富的知识啊！

455. 血疑

约翰是 O 型血，而他的夫人是 AB 型血，这样，库克斯就只可能是 A 型血或者 B 型血，所以他不是凶手，凶手是同样有着 AB 型血的弗吉。

在案件侦破过程中，血型是非常重要的线索，根据科学规律，血型是可以推导的，这对案件侦破具有非同寻常的意义。根据血型学的研究，父母的血型与子女的血型，只能存在以下关系：

父母血型	子女血型
O×O	O
A×A	A 或 O
B×B	B 或 O
A×B	A、B、AB
A×AB	A、B、AB
B×AB	A、B、AB
AB×AB	A、B、AB
O×AB	A 或 B

456. 同伙的谋杀

管子口径只有不足 2 厘米，却有 3 米长，这样狭窄的空间根本无法完成空气交换，米勒吸入的正是他自己呼出的气体，所以在井里溺死了。杰克想借这个机会除掉米勒，自己独吞劫款，可他的奸计还是被聪明的探长识破了。

457. 三岔口

凶手是沿着右侧的岔路逃走的，因为前轮和后轮所留下的轮胎痕迹深浅完全相同。

通常骑自行车时，骑者的重量都是加在后轮上的，因此在平路，或是下坡时，前轮的痕迹较浅，而后轮的痕迹较深。可是在上坡时，因为骑者的力量向前倾，体重偏向车把，所以前后轮的痕迹几乎深浅相同。

458. 指纹的秘密

因为这个女人很狡猾，只要在公共场合出现，她就会用无色透明的指甲油涂在手指上。所以无论她用手触摸什么东西都不会留下指纹。不过那些透明的指甲油一碰到水，就会被洗掉。因此，欧文就装扮成服务生，在她房间的喷头上做了手脚。当她打开喷头的时候，喷头就会坏，她一定会叫人来修理。修理完后，按照惯例她会付小费，而这时她的手已经沾了水，指甲油被洗掉了，钞票上自然会沾上她的指纹，这样就得到了她的指纹。

459. 洗清冤屈的证据

天晴的时候，阳光直接照射到地上，在让泥土变干的同时，也会让留在泥土上的鞋印收缩，一双 40 码的鞋印，大约会收缩半码。

因此，如果鞋印模型和吉恩的鞋子完全吻合的话，只能说明吉恩是清白的，凶手应该穿比吉恩大半码的鞋子。

460. 妙拆高空炸弹

既然气压炸弹是在海拔 2000 米以下爆炸，那么只需选择海拔 2000 米以上的高原着陆，就能挽救全机乘客的生命。比如墨西哥城，海拔高达 2300 米，飞机选择在那里降落是安全的，不需要采取另外的防护措施。

461. 致命的微笑

这是个极端凶残和聪明的凶手！他想除掉玛莉，可又没有机会，于是借老虎来行凶。他想办法在玛莉的头发上涂上了一些有刺激性气味的药品。老虎闻到药品的味道，忍不住想打喷嚏，于是露出微笑的表情。由于喷嚏的力度过大，玛莉的脖子被咬断，凶手的目的也就达到了。

462. 会动的证据

丁楷拿出了一份权威性的鉴定报告。日方发现的蚂蚁是一种名为"伊氏臭蚁"的蚂蚁，它们常年生活在北海道以外的日本各地，是日本的"土特产"，中国上海一带根本无此蚂蚁。所以衣服里的蚂蚁是运抵日本后爬进去的，中方不承担任何责任！

463. 鸵鸟血案

鸵鸟没有牙齿，所以拥有不同寻常的胃。它能吞食大量小石子，用胃里的小石子弄碎食物来帮助消化，这种小石子不排泄，会留在胃里。因此，犯罪分子觉得这是个很好的从南非走私钻石的机会，他们让鸵鸟吞食了大量钻石，等回到国内，再想办法杀死鸵鸟，取走钻石。

464. 自己作证

其实，判断的依据非常简单：男人出现的

时候浑身湿漉漉的，而事发地点距离他出现的地方有半小时路程，如果他真是跑出来求救的，应该全身都冻得结冰才对。因此，可以判断出朋友是他推下去的，或者在别处杀害以后再推下去的，而他自己则在某个地方弄湿衣服，出来呼救的。

465. 昆虫家之死

这位昆虫学家是触到带电的鳝鱼死亡的。带电的鳝鱼属于一种硬骨类科的淡水鱼，产于南美的亚马孙河和奥里诺科河，鳝鱼身长达2米，尾部两侧生有两个发电器官，可产生680~850伏的电压。所以，如果触到该发电器官，就会遭受到猛烈的电击。这种鳝鱼在觅食或防御对手进攻时，会放出强大的电流。

466. 鸡蛋的奥秘

用醋酸把秘密内容写在鸡蛋壳上，然后将鸡蛋煮熟，鸡蛋的外壳上一点痕迹都没有，字迹都留在了鸡蛋的蛋白上。这是醋酸和构成鸡蛋壳的主要物质——钙作用的结果。

467. 罪魁祸首

玻璃凹槽在盛满了水的时候，就变成了一面凸透镜。太阳光通过这一排凸透镜聚焦到干草上，不着火才怪呢！看来，詹姆雷斯不需要找什么幽灵凶手，而应该让为他设计玻璃房的设计师好好反省一下。

468. 巧清母子账

县官听罢双方陈述后，问那母亲："你儿子生下时有多重？"

母亲回答："4斤8两重，有接生婆称过呢。"

县官又传来接生婆证实后，对儿子说"谁说你欠的账还清了？你不是还欠你母亲4斤8两肉吗？要清账也可以，差役，快拿刀来，从他身上割下4斤8两肉还给他母亲。"

儿子跪地求饶说："不能割呀！割了我就没命了，我是应当继续奉养她老人家的！"

469. 愚蠢的敲诈

根据德曼的索赔书陈述，他是向后仰倒在车厢里。可是刹车时，乘客由于惯性应该是向前倒。德曼显然是在说谎。

470. 女佣的谎话

答案很简单，因为波洛就坐在那把椅子上，他感觉很凉，这说明这把椅子长久没坐人了。露丝显然是在说谎。

471. 不打自招

耍流氓的是那个邻国的王子。因为公主并没有说发生了什么事，只有王子准确地说出了她被偷吻的事。这说明他就是那个偷吻者。

472. 百密一疏

樟脑丸是很容易挥发的东西，一般一年左右就挥发没了。失主说两三年没回来了，衣柜里的樟脑丸却还保持原样，这说明他在撒谎。

473. 下毒者

当时用来盛酒的锡壶多为铅锡合金制造，含铅量很高。嫌疑人在温酒时把壶直接放在炉子上温酒，酒中就带上了浓度很高的铅和铅盐，也就是酒上漂浮的那层黑膜。这酒喝多了，就会出现急性铅中毒症状。

474. 遗漏的细节

人若活活被烧死，烟会随着呼吸进入呼吸道，咽喉内便会被烟熏黑；相反，则咽喉内不会被烟熏黑。经过检查，赵某的咽喉内并没有被烟熏黑的痕迹，由此可以断定他是死后被烧的。

475. 来不及消失的证据

大岛让本田把嫌疑犯带到理发店把头发剃光。因为罪犯在夏威夷一个月了，头皮上三七分界处应有一条明显的黑线。那么谁的头上有这样的很明显的分界线，谁就是那个罪犯。

476. 蚂蚁作证

因为不仅有糖尿病的人，就是健康人行凶时过度紧张，握凶器的手都会出冷汗。糖尿病患者出汗更多，而且汗水里含有大量的糖分。爱森的二女婿有糖尿病，而且在财产的继承权上也有作案动机。

蚂蚁喜欢甜东西，因而含有糖分的汗水浸过的绷带吸引了一些蚂蚁，波洛就是根据此现象查出了凶手。

477. 银牙签断案

黄知县密遣一个差役，带上银牙签，扮成伙计模样，去赵富贵店中取布。差役见了赵富贵的妻子，取出银牙签对她说："赵老板将前两天进的那两匹布转卖他人了，因故不能亲自来，派我代为取去，恐你生疑，以持银牙签为凭。"

赵富贵的妻子细视银牙签后，确认是丈夫随身之物，深信不疑，便将陈达的布匹交

给了差役。这样，证据确凿，赵富贵只好认罪。

478. "神米"断案

所谓犯罪者心中有鬼。偷玉佩者心情紧张，势必造成口腔干燥，黏黏的唾液拌着干米，很难吐出来。乾隆正是利用了这种犯罪心理巧妙地查出了偷窃者。

479. 破解亡灵之谜

答案当然不是什么灵魂显灵。这个地方冬天特别冷，由于下雨落雪，使坑内积了水，到夜晚就结成了冰。白天的温度升高了，冰因受太阳的照射又融化成水，而北面由于没有太阳照射，仍结着冰。这样，沉重的石球会稍稍倾斜，从而非常缓慢地向南转动。正面的十字架也就渐渐被隐埋起来了。

480. 貌似凶手

警探想，这个小伙子可能有一个孪生兄弟，找户口册一看，果然如此。因此，他们很快就抓获了凶手。

481. 不翼而飞的巨款

真正的歹徒是那辆出租车的司机，女郎只不过是他的从犯。女郎乘上出租车，司机把黑皮箱里的 100 万美元拿出来后，再把空皮箱交给女郎，让她寄放到地铁车站的寄存处去。

482. 卫生间的秘密

波洛是在厕所中的手纸上发现了秘密。这可能是鲁西被凶手刺中后奋力跑进厕所迅速用自己的血写下的，然后再把手纸卷好，这样凶手也很不容易发现，以后谁再用手纸就会发现线索了。

483. 议员妻子被杀之谜

凶手害怕弄出声响被人发现，甚至不惜把手枪当锤子用，这说明他一定是梦露沙夫人熟识的人。从梦露沙夫人的装扮也可以看出——能穿睡衣会见的客人并不多，仆人没有报告有客人到访，说明凶手可以自由出入。

最后，查理士先生一进门，就宣布悬赏捉拿砸死梦露沙夫人的凶手，可是当时他对案情还一无所知，这样快速地表态，说明即使他不是凶手，也一定是雇用凶手的人。

484. 集邮聚会

任何一个单人房间的旅客，在进自己的房间之前，都不会敲门的。显然，年轻人所说的"走错了房间"是在说谎。年轻人走进加利房间之前敲了几下门，而后又上了4楼，3楼和4楼只有单人房间。而加利当时不揭穿他，是怕打草惊蛇。只有等他再次作案时，才能抓住他。

485. 没有子弹的枪伤

F警官认为，这不是一般的子弹，而是用坚硬的岩盐制成的。

岩盐是天然存在的氯化钠，能溶解于水，产于炎热干燥地区的盐湖和海滨浅水盐湖中，是重要的化学工业原料，可供食用。

它的特点是像石头般坚硬，用它制成子弹，即使穿着衣服也能够射入人的体内，由于体内的温度和水分，所以能很快地将这两颗子弹融化掉。

486. 识破假象

探长识破所长假象，就是靠那半个苹果。

原来，在苹果的细胞里含有酚类物质。平时，它被细胞膜严密地包裹着，不与空气接触，一旦细胞膜破了，酚类物质与空气中的氧化合产生大量醌类物质，导致苹果变色。

所长咬过的苹果还没有变色。如果真像所长所说30分钟前被人麻醉昏倒的话，那么苹果的颜色应该会变。

487. 由青铜鼎引发的命案

凶手就是M先生本人。他首先把朋友骗到家里鉴定青铜器，目的就是让他留下指纹。然后杀死妻子，丢掉青铜器，嫁祸给他的朋友，让警方误以为是他朋友贪图青铜器而谋财害命，杀死自己的妻子。

488. 巧妙的报案

福特探长在打电话时做了点手脚。在通话时，探长一讲到无关紧要的话，就用手掌心捂紧话筒，不让对方听到，而讲到关键的话时，就松开手。

这样，警方就收到了这么一段"间歇式"的情报电话："我是福特……现在……金冠大酒店……和坏人……在一起……请你……快……赶来……"

489. 雪地命案

往返的脚印不同。扛着尸体时重量增大，所以留在雪地上的脚印就比较深，而返回时是空手而归，脚印浅，所以警探断定报案者就是凶手。

490. 所罗门王冠

恶魔滑稽师已事先潜藏在房中，他将沙发椅掏空潜藏在里面。其助手从窗户外见松下从保险柜中取出了王冠，便拉下电闸造成停电，并以此为信号，指示另一同伙朝天开枪。

当屋内人都拥向窗边时，恶魔滑稽师乘机从沙发椅中悄悄钻出，拿到王冠后再回到沙发椅中，然后等警戒解除后，再悠然地钻出沙发椅逃走，这就是王冠从密室消失之谜。

当然，当初给松下打的电话也是恶魔滑稽师手下的人干的，告诉松下"锁在保险柜里很不安全"，是对松下的一种巧妙的心理诱导。上当的松下害怕起来，于是主动从保险柜中取出了王冠。

491. 盗珠宝的阴谋

兰尼说一进门就被人打倒在地，那么，这床头柜上的牛奶为什么一点都没有洒在地上呢？

其实兰尼端着这杯牛奶先进房间放在床头柜上，顺手将手提箱拿到门口，交给那个蒙面同伙，然后使用苦肉计——故意让同伙打了一下，造成被人打伤、手提箱被盗的假象。

492. 小提琴手的阴谋

埃利事先已做好演出准备的事实，说明他对巴蒂的死和自己将上场演出有所准备，这就证明他涉嫌谋杀。如果他事前不知，他上场前就应准备，用松香先擦擦弓，并调好琴弦。

493. 密室杀人案

凶手让被害人吃下安眠药后，在门的内侧四边贴上胶带——当然只贴胶带的半边。然后，走出卧室，关上门，用吸尘器沿着门缝移动，这样一来，门里的胶带被紧紧贴在房门上了。

494. 红枣破案

县官说："商人外出 3 年，红枣早已干枯霉烂，现在红枣新鲜完好，明显是才放进去的。"这时邻居无话可说，乖乖地交出了银子。

495. 智擒窃贼

祝枝山在钵上抹了一层厚厚的黑油，凡是摸过钵的人，两手都是油黑的。偷夜明珠的人因为心虚，不敢摸钵，两手就没有沾上黑油。

496. 缉拿毒贩

其实，最少只要称两次就能得出结论。先把 1 根木头放到一边，另外 6 根分别放到简易天平的两边，每一边有 3 根木头，如果两边平衡，那么显然旁边这根木头就装有毒品；如果一边比较轻，那么取轻的那边，用同样的方法再做一次，就可以得到正确的答案了。

497. 为什么没有脚印

凶手把史密斯杀死后，把他搬到秋千上用力甩到了田地里，所以田地四周没有任何脚印。

498. 冰块里的钻石

很简单。冰放在水中会漂浮起来，而钻石放在水中只会沉入杯底。

499. 奇怪的数字

这 4 个数字是阿丽娜小姐被凶手勒住

脖子后，绝望地利用手中的口红在身后的墙壁上写的。由于她的手是背着写的1089，在这种情况下写的数字从正面看恰好是上下颠倒的，结果就变成了6801。这是阿丽娜小姐没有想到的，她写这串数字的目的当然是为警察留下线索。

500. 可疑的短信

罪犯为了隐蔽，在短信中没有使用明白的文字，而是利用音乐简谱中的四个音符"1257"作为密码，即谐音"都来收息"，通知同伙来分赃。

501. 门外的烟蒂

科林推断出的凶手是邮递员。如果凶手是被害人的丈夫，就不会将只吸了一两口的香烟扔在门外，他会毫不在意地叼着烟进屋的。

而在要访问的对方门前将刚点燃的烟扔掉，是因为叼着烟去人家里不礼貌，这种对别人彬彬有礼的凶手毫无疑问是邮递员。

502. 漂浮的茶叶

按秘书讲，这茶已经沏过两个多小时了，那么在壶中就不可能有漂浮在水上的茶叶。由此可以断定一定是有人将有毒的茶水倒掉了，然后再放上半壶凉水，再洒上把茶叶冒充未喝完的凉茶。而能够做这番手脚的，只有秘书一个人。

503. 被涂改的重量

把每个箱子编上号，从第1个箱子中取出1个轴承，从第2个箱子中取出2个，从第3个箱子中取出3个……以此类推，从第10个箱子中取出10个。

把这些轴承称一称，它们的标准重量是5500克。如果是第1个箱子的轴承超重，结果就应该是5510克，如果是第2个箱子，结果就应该是5520克……

504. 15点赌博

外乡人并没有作弊，先列出和等于15的所有3个数字的组合（不能使两个数字相同，不能有零）。这样的组合只有八组：1+5+9=15，1+6+8=15，2+4+9=15，2+5+8=15，2+6+7=15，3+4+8=15，3+5+7=15，4+5+6=15。

这八组数字都在八条直线上：三行、三列、两条主对角线，每条直线加起来就是15（如下图）。根据这个图示，只要每次在可能构成15的地方堵住对方，对方就完全没有获胜的可能了；如果对方按照正确的方法下，最终就是平局。

2	9	4
7	5	3
6	1	8

505. 失窃的金币

这是老汉尼利用了斯特罗的贪心施的一条妙计。斯特罗和汉尼谈完话后暗想：这老头一定是要再放46个金币到坛子里去，为的是凑够100个金币。但如果老头发现原来的54个金币不见了，就不会再放另外46个了。斯特罗为了得到另外的 46 个金币，所以连夜把 54 个金币送回原处了。

506 . 秘密代码

E=7，W=4，F=6，T=2，Q=0，A=1，7240+6760=14000。

细心分析，可以发现只能是 Q+Q=Q，而不可能是 Q+Q=2Q，故 Q=0；

同样，只能是 W+F=10，T+E+1=10，E+F+1=10+W；

所以有三个式子：

（1）W+F=10

（2）T+E=9

（3）E+F=9+W

可以推出 2W=E+1，所以 E 是单数。

另外 E+F>9，E>F，所以推算出 E=9 是错误的，E=7 是正确的。

507 . 虚假的报案

管理员说他看到一个男子在右侧的柜子旁往大包里塞东西，然后蹿到左侧窗户逃走。而锁孔只有黄豆般大小，门有 10 厘米厚，人的视线不可能同时看到 14 米宽度的空间。所以他是在说谎。

508 . 说谎的"教父"

假如 100 这个数可以分成 25 个单数的话，那么就是说单数与单数的和等于 100，即等于双数了，而这显然是不可能的。

事实上，这里共有 12 对单数，另外还有一个单数。每一对单数的和是双数，12 对单数相加，它的和也是双数，再加上一个

单数，总和不可能是双数，因此，100 块壁画分给 25 个人，每个人都是单数是不可能的。

509 . 损失多少

其实，实际的损失是 10000 元。我们这样来算：金生从电器商行老板那里换钱回来，金生找了 2000 元给顾客以后，自己那里还有 8000 元真币，他再加 2000 元就可以和电器商行老板结清，加上戒指价值 8000 元，他在这笔交易中共损失了 10000 元。

510 . 钻石项链

首饰师只要在水平一排的两端各偷走一颗钻石，再把最底下的一颗钻石移到顶上，就可以蒙骗住愚昧的贵妇人。